Hedwig Maria Lutz

Erfolgsformeln für den privaten Immobilien-Verkauf

- ohne Makler -

2. Auflage

Hedwig Maria Lutz

Erfolgsformeln für den privaten Immobilien-Verkauf

- ohne Makler -

Praxiswissen
- weit mehr als die übliche Fachliteratur -

Herstellung und Verlag:

BoD - Books on Demand, Norderstedt

ISBN 9783738634730

Inhalt

1 Vorwort

Herzlich Willkommen in meinem Ratgeber "Erfolgsformeln für den privaten Immobilienverkauf"

Sie beabsichtigen also ihr Eigenheim zu veräußern.

Schön, dass ich davon erfahre. Die Tatsache, dass sie dieses Buch in der Hand halten zeigt ihr ernsthaftes Interesse das anstehende Projekt professionell in privater Eigenregie und zum besterreichbaren Preis in ihrem Sinne abschließen zu wollen.

Ich versichere ihnen: Überdurchschnittlich viele der privaten Immobilienverkäufer vergeben ihre Chance auf den bestmöglichsten Verkaufspreis indem sie planlose Aktivitäten starten.

Und hier möchte ich ihnen bereits meinen ersten TIPP verraten:

In der Ruhe liegt die Kraft !
Machen SIE es anders.
Geplant - effizient - lohnend.

Diese Lektüre hilft ihnen dabei mit Herz, Hirn und Gewinn ihr geliebtes Eigentum an den Käufer zu bringen. Realistisch, stressfrei und positivem Ergebnis.

Erlauben sie mir zu allererst ein paar wenige Worte zu meiner Person. Als Mittfünfzigerin genieße ich alleine altersbedingt bereits, über eine angereicherte Portion an Lebenserfahrung. Stets „hart am Wind segelnd" um als Alleinerziehende die nötigen finanziellen Mittel am Monatsende im Familiensäckel aufweisen zu können, durchlief ich eine spannende Reise rund um diverse Wirtschaftsthemen unserer Gesellschaft.

Nicht ohne Stolz kann ich heute sagen, dass ich in allen Bereichen, in denen ich tätig sein durfte, erfolgreich war. Aber dies soll nicht der Inhalt dieses Buches sein.

Irgendwann schlug ich in der Immobilienbranche auf.
Auf der Suche nach einer verantwortungsvollen Tätigkeit in einem vielschichtigen Umfeld mit Niveau kam ich in dieser Berufssparte an.
Ich wünschte mir eine Arbeit dichter am Mensch. Wirtschaftlich ausgerichtet und mit der Möglichkeit meine Lebenserfahrung, mein kaufmännisches Know-how und mein ausgeprägter Sinn für Ehrlichkeit und Zuverlässigkeit besser einbringen zu können.

In der Immobilienbranche hatte ich meine neue Lebensabschnitts-Aufgabe gefunden. Von Anfang an sog mich dieses Thema förmlich auf. Es fesselte mich und regte mich zu Höchstleistungen an.

Ich bin ein Mensch der Praxis. Unentwegt nachforschend wie man ordentlicher, positiver und effizienter sein erhofftes Ziel erreichen kann. Dabei halte ich Ehrlichkeit und persönliche Bescheidenheit für ein unsagbar hohes Gut. Auch wenn Attribute dieser Art teilweise aus der Mode zu kommen scheinen, ich hefte mich daran wie eine Rankenpflanze an ihrem Stützgitter auf dem Weg zum sonnigsten Plätzchen.

Warum ich ihnen das sage?

Ich schreibe dies, damit sie wissen, dass sie mit einem grundsoliden Praktiker sprechen und nicht mit einem schillernden superweißhemdtragenden Theoretiker.

Einer Praktikerin die viele Jahre in der Immobilienbranche ihr gutes Geld verdient hat. Die, wenn sie so wollen, mit „allen Wassern dieser Branche gewaschen ist". Die für sich in Anspruch nimmt, bescheiden und ehrlich geblieben zu sein. In einem Gewerbe das den Ruf von kichernden Hyänen, ständig auf der Lauer nach leichter Beute, umgibt.

Als Immobilienmaklerin zunächst für ein großes, angesehenes Immobilienbüro unterwegs, eröffneten sich mir die „geheimen Regionen" unserer

Immobilienlandschaft. Jedes Handwerk will gelernt sein. Ich hatte die Möglichkeit alle Schattierungen dieser Tiefkeller-Branche zu erfahren. Und ich will Ihnen gerne sagen: Es war ein absolut aufregender Trip in die Scheinwelt der Großen und Mächtigen. Eine Erfahrung die seines Gleichen sucht.

In früherer Zeit langjährig in der Innenausbau-Branche selbständig, entschloss ich mich nach den reichlichen abstrusen und hautnahen Erlebnissen unter den modernen Immobilienhaien mein Glück im eigenen Vermittlungsbüro zu suchen. Es musste doch möglich sein dieses Geschäft ohne die großartige Glitzerfassade erfolgreich und zum Wohle der Allgemeinheit ausüben zu können.

Also eröffnete ich mein eigenes Immobilienbüro.

Heute blicke ich auf eine jahrelange erfolgreiche und absolut aufschlussreiche Eigenständigkeit als Immobilienmaklerin zurück. Vielleicht wundern sie sich warum eine erfolgreiche Maklerin ihr „Großverdienertum" zu schmälern beabsichtigt, indem sie ihr Handwerkszeug aus der Hand gibt.

Ich sagte Ihnen ja bereits, dass ich ein Mensch fürs Praktische bin. Es liegen jede Menge Theorien für erfolgreiche Immobiliengeschäfte auf. Theorien eben. Ich persönlich war immer davon überzeugt, und ich bin stets sehr gut damit gefahren, denen zu lauschen, die aus der Praxis plaudern. Und ich war immer schon der Meinung, dass die Weitergabe von Erlebtem, von erfahrenem Wissen eine ausschließlich positive Verantwortung unserer Gesellschaft gegenüber bedeutet.

Wenn ich also hier meine Ratschläge für ihr glückliches und erfolgreiches, privates Immobiliengeschäft niederschreibe, so möchte ich, dass sie in mir den vielerprobten Praktiker und wohlwollenden Ratgeber auf diesem Gebiet sehen. Nichts weiter.

Gehen wir also nun zum Thema: Wie sie ihren Immobilienverkauf privat und professionell gestalten.

Holen wir dazu zunächst ein wenig aus und stellen uns die Frage: Was genau ist unter einem privaten Immobiliengeschäft zu verstehen.

Nun, ein privates Immobiliengeschäft nennen wir das, wenn sie ihre Immobilie, egal ob freistehendes Einfamilienhaus, Reihenhaus oder ihre Eigentumswohnung mit von ihnen privat gesteuerten Aktivitäten an den Mann, nämlich den privaten Käufer bringen.

Ohne Zutun eines Maklers.

Also Privatverkauf an Privatkauf.

Bitte kommen sie mir nicht auf die Idee, dass mit Privatverkauf ein Geschäft an ihrem Finanzritter vorbei gemeint sein könnte. Das soll nicht das Thema dieses Ratgebers sein.

Private Immobiliengeschäfte, also Kaufangebote für Häuser und Wohnungen, sind in jeder aktuellen Tageszeitung zu finden. Verschiedene Internetportale bieten ebenfalls auch privaten Anbietern die Möglichkeit ihr Verkaufsobjekt zu bewerben.

Zu erkennen sind Privatangebote in der Regel mit dem Zusatzvermerk „ohne Makler" oder „Makler unerwünscht", oder „Privatangebot ohne Maklergebühr". Mit eben solchen Werbetexten beabsichtigen private Immobilienverkäufer private Käufer aus der Reserve zu locken.

Die Anzahl dieser derart gekennzeichneten Inserate erlebte in zurückliegender Zeit eine erstaunliche Blüte.
Angesichts dieser Tatsache eröffnet sich sofort eine tiefer gestrickte Überlegung:
Warum gestaltet dieser Anzeigen-Auftraggeber seine Anzeige genau so und nicht anders?
Dabei sind wir schon beim ersten Inhaltspunkt dieses Ratgebers. Nämlich der Frage:

Brauchen wir Immobilienmakler überhaupt?

Geduldigen sie sich bitte noch einen klitzekleinen Augenblick. Dieses Kapitel betrachten wir gleich im Anschluss noch etwas ausgiebiger.

Ich glaube, dass ich ihnen beim Lesen dieses Buches einige faszinierende Abenteuer versprechen kann. Informationen, die sie als künftiger Akteur auf dem gefährlich gebohnerten Parkett der Immobilienbühne ohne Weiteres umsetzen können und dabei erheblich profitieren. Auch wenn ihnen die eine oder andere Empfehlung auf den ersten Blick zu farblos, ja sogar mitunter lächerlich erscheint, testen sie, wie sie wirkt. Sie werden staunen.

Wenn sie die meisten meiner nachstehenden Praxistipps beachten, cool und überlegt umsetzen, dann werden sie ihre eigene private Immobilienverkaufs-Story schreiben.

Aber urteilen Sie selbst!

2 Ein Wort zum Immobilienmakler

Das Ansehen des Maklerberufes bewegt sich der breiten Meinung unserer Gesellschaft nach im tiefen Minusbereich. Im Tiefgaragen-Kellergeschoß sozusagen.

Lassen wir uns einige weitere Berufsfelder vor unserem gedanklichen Auge Revue passieren, wird genau genommen, vermutlich mindestens eine Sparte das Negativbild des Maklerberufes noch zu toppen in der Lage sein. Das dürften jene Staatsbedienstete sein, die generell als Politiker bezeichnet werden. Es wäre durchaus interessant, würde eine Studie feststellen, welcher von den beiden Berufen, die Makler oder die Politiker, Platz 1 in der Negativliste der Beliebtheit für sich in Anspruch nehmen.

Um diesen Umstand näher zu beleuchten fragen wir uns zunächst: Warum verhält sich das so?

Bei genauem Hinsehen wird folgendes erkenntlich:

Nun, im Grunde haben wir mit einem ganz anderen Problem zu kämpfen: dem der Definition von Qualität.

Es ist schlichtweg abenteuerlich – aber es existiert tatsächlich kein kodifiziertes Material, was in Deutschland den „Beruf" des Maklers anbelangt. Das ist zum Teil darauf zurückzuführen, dass die Qualität der Makler längst nicht mehr selbstverständlich ist – in unserer Gesellschaft, deren Werte derart durcheinandergewürfelt worden sind.

Tatsächlich begegnet man häufig äußerst misstrauischen Gesichtern, die ein Streben nach Qualität in der Makelei für unglaubwürdig, nicht praktiziert, nicht angestrebt, halten.

Was will ich damit sagen?

Wenn wir nur das Wort „Makler" vernehmen, verschließen wir uns schon wie ein hypnotisiertes Kaninchen. Ich möchte hier nicht mit Schlamm schmeißen, aber den Gesichtsausdruck von so manchem soliden Zeitbürger, wenn er sich einer Maklergestalt gegenüber sieht, käme dem eines supersauren Zitronenhändlers bedenklich nahe.

Warum reagieren wir so auffallend?

Was ist der Grund, warum Makler als derart fadenscheinige Gesellen eingeordnet werden?

Objektiv betrachtet gibt es keinen Grund unter der Sonne, warum generell alle Makler ausnahmslos in die Schublade der Ungeliebten Zeitgesellen geschoben werden.

Es scheint so, dass in Bezug auf den Maklerberuf die Allgemeinheit ohne einen Gedanken zur Sache zu verschwenden, gemeinhin geneigt sein dürfte mit Kanonen auf Spatzen zu schießen.

Was zeichnet verantwortlich für diese einseitige Einstellung?

Keine Frage –die sogenannte Krise hat ihr Quentchen Schmalz obendrein dazugegeben. Die Krise hat den Wald zum Urwald erhoben.

Der aktuelle Immobilienboom hat zusätzlich zu den vorhandenen, bereits mit bescheidenem Ruhm bekleckerten Maklern noch weitere, erstaunlich ungezähmte Blüten und Glücksritter hervorgebracht.

Keine Frage, die Hoffnung auf schnelles Geld bei steigenden Immobilienpreisen und erhöhter Marktbewegung lockt so manchen Erfinderischen aus der Versenkung hervor.

So ist in der „Welt am Sonntag" zu lesen: *Das Berufsbild des Maklers ist leider durch etliche Personen infiltriert, welche diesen als „Auffangbranche" nutzen. Frei nach dem Motto:"Im normalen Leben hab ich`s auch nicht drauf, nun versuch ich`s mal im Hausverkauf."*[1]

Wobei die Heerscharen der Käufer augenscheinlich noch am besten abschneiden. Während sich das scheinbare Ansehen der Verkäufer mit andauernder Krise kontinuierlich in Richtung Talschiene bewegt.

Hauchzart im Nacken küssen dürfen sie mich jetzt, denn ich bin genau ihrer Meinung, dass die Makler jedoch, als bestechende Schlusslichter in der Beliebtheiten-Galerie der gesamten Immobilienakteure aufleuchten.

War in der Vergangenheit lange Zeit ein gewisses, mehr oder minder stabiles zahlenmäßiges Verhältnis zwischen angebotenen Immobilien, Maklern und Käufern vorherrschend, so zeigt die Gegenwart einen enormen Anstieg an Maklern bei gleichzeitigem Engpass der Angebote.

Dieser Trend begann mit der vielgerühmten Krise 2008/2009 und hält bis heute an.

Glaubt man den Medien, dann ist die Zahl aller in Deutschland registrierter Makler seit 2011 von ca. 27.000 auf über 35.000 angestiegen. Allein in Hamburg habe sich die Anzahl der gewerbsmäßig tätigen Makler, laut einem Bericht der aktuellen überregionalen Tageszeitung „Welt am Sonntag" in jüngster Zeit mehr als verdoppelt.

So schreibt „Die Welt" weiter: *Deutschland ist einer der wenigen Industriestaaten, in dem nicht geregelt ist, wie Immobilien-Vermittler arbeiten und bezahlt werden. In der Branche herrscht Wildwuchs - und die Kunden wenden sich ab. Nur noch 30 bis 40 Prozent der Käufe und Vermietungen werden von Maklern betreut. Um Gebühren für die Vermittler zu sparen, nehmen Hausbesitzer den Verkauf ihrer Immobilien vermehrt selbst in die Hand*[2]

In einem weiteren treffenden Bericht, ebenfalls in der „Welt am Sonntag" beschreibt ein Leser seine einschlägige Erfahrung beim Immobilienverkauf so:

„In den letzten 20 Jahren hatte ich dreimal mit einem Makler zu tun. Einmal als Verkäufer und zweimal als Käufer. Als Immobilienanbieter wird einem zunächst all das versprochen, was man hören möchte. Ist der Vertrag erst unterschrieben, ändert sich die Situation.

Entsprechend ist man als Verkäufer auf der weniger erfreulichen Seite. Zum einen ist man an die Laufzeit des oft genutzten Ausschließlichkeitsvertrages gebunden. Und zum anderen hat man letztlich nur noch wenig Einfluss auf den Preis.[3]

Makler arbeiten um zu profitieren. Dieser Gedanke ist zunächst nichts Negatives. Profit um jeden Preis – nennen wir einfach einmal eine äußerst bedenkliche Sache.

Dabei bewegen sich Maklercourtagen je nach Vereinbarung in einem Höhen-Niveau das seines Gleichen sucht.

Nehmen wir als Beispiel eine Verkäufercourtage von 3 % und eine Käufercourtage von nochmal 3 % als gegeben. Dieser Ansatz ist zumindest im südlichen Bundesgebiet üblich. In anderen Bundesländern jonglieren Makler mit Courtagen in fast doppelter Höhe.

Kommt es wie in unserem Beispiel angenommen zu einer erfolgreichen Vermittlung eines Einfamilienhauses mit einem Kaufpreis von rund 450.000 €, was bei der augenblicklichen Marktsituation schon eher einem Schnäppchen gleicht, beläuft sich die gesamte Maklercourtage für dieses einzige Geschäft   auf sage und schreibe netto 27.000 € (zuzüglich gesetzlicher Mehrwertsteuer). Für den Käufer gesellen sich zum Kaufpreis in unserem Beispiel noch zusätzliche satte mindestens 1,5 % Notarkosten und dazu zwischen 3,5 % und 5,5 % Grunderwerbsteuer (die Höhe für Notarkosten und Grunderwerbsteuer variiert je nach Bundesland) dazu.

Um beim Beispiel zu bleiben hat der Käufer dieses Einfamilienhauses mit einem Kaufpreis von 450.000 € in Summe den stolzen Betrag von mindestens gesamt 488.565 € hinzublättern (3 % Maklercourtage + Mehrwertsteuer, 1,5 % Notarkosten, 3,5 % Grunderwerbsteuer). Wobei dieses Beispiel dem unteren Kostenansatz entspricht. Dem Verkäufer bleiben nach Abzug der Maklercourtage (in diesem Beispiel) 433.935 € von seinem Verkaufsobjekt.

Kein Wunder also, dass eine erhebliche Portion an Dynamit in der Luft liegt.

Ich möchte Ihnen hier die Vorstellung nur anreißen, was der Käufer mit   16.065 € alles hätte zusätzlich anfangen können, sofern er die Käuferprovision für sich hätte gewinnen können. Dem Verkäufer aus unserem Beispiel, seinerseits, war seine Bequemlichkeit ebenfalls 16.065 € wert.

Wäre unser Verkäufer zudem an einen Makler geraten der ausschließlich per Bestellerprinzip abrechnet, bliebe schnell die doppelte Vermittlungsgebühr ausschließlich beim Verkäufer hängen.

Man bedenke: Viele Familienväter sind dazu verdammt, einige Monate hart für eine entsprechende Summe zu malochen.

Wie wir unschwer bemerken, eine interessante Rechnung. Jedenfalls für den, der die Kohle nicht häufchenweise herumliegen hat. Oder für Jemanden der mit dem Erlös aus dem Verkauf sich eine neue evtl. hochwertigere und entsprechend teurere Immobilie zulegen will.

Der nicht ganz unbescheidene Kostenansatz der Makler bietet alleine bereits heißes Diskussionsmaterial. Kredenzt der beauftragte Makler obendrein noch eine bescheidene Arbeitsleistung ist die Suppe vollends versalzen.

Womit wir erneut auf die Qualität zu sprechen kommen.

Es ist in der Tat so, dass Schwarze Schafe unter den Maklern zahlenmäßig in den letzten Jahren erheblich zugelegt haben. Und damit wurde das bereits vorherrschende miserable Image der Maklerbranche noch weiter in den Abgrund verbannt.

Wie erwähnt werden also nur noch 30 bis 40 % aller Kauf- und Mietobjekte durch Makler, also Fachleute, betreut. Ich möchte behaupten momentan sind es noch weniger.

Folglich beherrscht eine Herde von ungefähr 60 bis 70 % unerfahrener privater, meist Erst-Verkäufer die Szenerie.

Ich gehe davon aus, dass sie, angesichts ihres Interesses an meinen nachfolgenden Ratschlägen, ebenfalls gerade ihren Immobilienverkauf planen. Was da heißt: Sie befinden sich ebenso unter diesen 60 bis 70 % der noch unerfahrenen vielleicht Erstverkäufern.

Ich kann ihnen jetzt schon prognostizieren, ihr Portemonnaie freut sich über ihre momentane Leseaktion.

Und ich will ihnen für ihre Gesundheit raten: Ziehen sie sich warm an, wenn sie demnächst auf die geballte Masse der drängelnden Immobiliensucher stoßen und gleichzeitig von Heerscharen arbeitswütiger Makler bombadiert werden.

Die Letztgenannten werden ihnen ausnahmslos allerbeste und vertrauliche Arbeitsweise zusichern. Verbal mit überdurchschnittlich ausgerüsteten Mitarbeitern um sich werfen.

Im schlimmsten Fall wird ihre eigene, sorgsam aufgebaute Verkaufsmotivation auf eine äußerst harte Probe gestellt werden.

Ein hochexplosives Gemisch an Störfaktoren wird im Handumdrehen ihr Verkaufsobjekt in Fokus nehmen.

Das Chaos ist grundlegend vorprogrammiert!

Aber bitte: Lassen sie sich auf keinen Fall entmutigen! Bleiben sie in der Spur! Lassen sie sich von keinem Großschwätzer, kommt er auch noch so poliert daher, die Regie aus der Hand reißen!

Ich verrate ihnen hier wie sie professionell, entspannt und äußerst erfolgreich über die hohe See des Immobilienverkaufs schippern.

Jetzt aber wieder zurück auf die Grundfrage: Braucht man überhaupt noch Immobilienmakler?

Die Antwort von mir, einer langjährig agierenden Immobilienmaklerin, erstaunt vielleicht.

Der Immobilienmakler bietet in unserem Land eine Dienstleistung. Es steht jedem frei, ob er diese Dienstleistung in Anspruch nimmt oder nicht.

Die Entscheidung darüber trifft grundsätzlich jeder Käufer und jeder Verkäufer selbst.

Ich für meine Person bin davon überzeugt, dass es zu allen Zeiten Menschen geben wird, die sich ein Geschäft dieser Tragweite im Alleingang nicht zutrauen. Menschen, denen aus verschiedenartigen Gründen das Thema Immobilienverkauf zu heiß unter den Füßen brennt. Eigenheimbesitzer die weit entfernt vom Verkaufsobjekt zuhause sind. Menschen, denen Vertragsangelegenheiten wie Blei im Magen liegen.

Denen sei wärmstens empfohlen sich in fachmännische Hände zu begeben.

Denn es gibt sie noch – die fairen, bodenständig handelnden Vermittler Verstand. Makler dieser Sorte leisten perfekte Arbeit, investieren Unmengen an Zeit und Gedanken um im Sinne ihres Auftraggebers ein bestmöglichstes Ergebnis zu erzielen. Und es sei beherzt von mir als Maklerin bemerkt: Kompetente, einsatzfreudige clevere Makler, quetschen aus jedem Verkaufsobjekt ein einleuchtend schlüssiges handfestes Resultat das sich sehen lassen kann.

Vorausgesetzt ist ein solidarischer offener fairer Umgang zwischen Verkäufer und Makler.

Deshalb, schauen sie sich um bevor sie zugreifen. Es lohnt sich, vor einem Vermittlungsauftrag an irgendeinen Makler einen Sack voll Zeit zur gründlichen Recherche zu investieren. Seien sie bitte unbedingt auf der Hut. Ein Schnellschuss wird leicht zum Eigentor. Lassen sie sich nicht von strahlend weißen Zähnen blenden! Ein Irrtum bringt sie schneller wie eine rasante Ski-Abfahrt in genau die Situation, die sie zu umschiffen gedenken.

Und bedenken sie unbedingt stets: Der Makler arbeitet für Gewinn seines Auftraggebers und erhält für seine Leistung Bares. Ist der Auftraggeber (Bestellerprinzip) der Käufer, wird der Verkäufer ggf. entsprechend vom Vermittler beeinflusst.

Denen, die sich selbst auf das Abenteuer Immobilienverkauf einlassen wollen, die, denen ihr Geld heilig ist, den aktiven quirligen nicht den einsatzscheuen unter ihnen, versichere ich eines ehrlich und zuverlässlich:

Jeder Otto Normalverbraucher bringt es fertig sein Immobilieneigentum ohne Makler mit Rechtssicherheit zu verkaufen. Gewinnbringend, ordentlich und wie ein Profi.

Wenn sie die meisten meiner Ratschläge aktiv in ihr Immobilien-Verkaufs-Projekt einbinden, dann sind sie jederzeit Herr der Lage und werden mit einträglichem Erfolg, ohne negative Nebenwirkungen und völlig stresslos, ohne Makler, ein meisterhaftes Geschäft zum Abschluss bringen.

Konto-lohnend und Gesundheits-schonend!

Dazu beglückwünsche ich sie schon jetzt ganz herzlich.

Aber der Liebe Gott hat vor den Erfolg den Schweiß gesetzt.

Also stellen sie nun ihre Sinne auf „vollen Empfang" und folgen sie mir in den Hauptteil meines Ratgebers.

3 Vorbereitungen vor dem Verkaufsstart

Regel Nummer eins, und zugleich eine der wichtigsten Regeln im Verkauf zuallererst:

Nur schriftlich nachweisbare Tatsachen sind Tatsachen!

Waghalsige mündliche Informationen von irgendwoher oder wohlwollende gutgemeinte Glaubensbekenntnisse der Vorbesitzer etwa, sind meist Mutmaßungen, die jeden beim Tanz auf dem Seil schnell abstürzen lassen.

Meine Erlebnisse, was heitere naive glücklose Proforma-Vermutungen von Verkäufern, über ihr Objekt anbelangt, könnten gut und gerne einer Abenteuerserie im Abendprogramm als Grundlage dienen.
Deshalb noch einmal und groß geschrieben:

NUR SCHRIFTLICH NACHWEISBARE TATSACHEN SIND TATSACHEN !

Verstecken Sie gegebenenfalls Ihre Unkenntnis über ein Detail des Verkaufsobjektes nicht hinter der dicken Hornbrille Ihrer Vermutung. Ihr

Käuferpublikum wird ihnen die Scheibe putzen! Verlassen Sie sich darauf. Also lassen Sie das.

Bitte glauben sie mir: Ehrliches Nichtwissen zugeben – kann ja so sympathisch sein.

Wie sie ihre Schultern entlasten bei unangenehmen Fragen der Käuferschar – dazu gelangen wir später.

Lassen Sie uns erst einmal eine perfekte Grundlage für den Verkaufsstart schaffen.

3.1 Welche Unterlagen brauche ich?

Grundsätzlich wird unterschieden ob es sich beim Verkaufsobjekt um eine Wohnung in einem Gebäude mit mehreren Wohneinheiten handelt, oder ob ein Gebäude als Einheit, also ein Einfamilienhaus, eine Doppelhaushälfte, ein Reihenhaus oder ein komplettes Zwei-oder Mehrfamilienhaus verkauft wird.

Die exakten Unterschiede nehmen wir etwas später haarfein in allen Einzelheiten unter die Lupe.

Begeben wir uns also nun an unseren Arbeitstisch und fangen an.

Es würde mich sehr wundern, befänden sich keine oder wenige Unterlagen zu ihrem Eigentum in ihrem Besitz. Die Art ihres Eigenheims wie erwähnt, bestimmt welche Unterlagen zwingend bei einem ordentlichen Kaufabschluss vorzulegen sind. Wird ihr Unterlagenportfolio meiner nachstehenden Auflistung nicht gerecht, bitte ich sie auf den Knien meines Herzens: Kümmern Sie sich rechtzeitig darum!

Warum das so ist und wo sie die jeweiligen Papiere im Zweifel erhalten, darauf kommen wir noch. Ebenso behandeln wir die aufgeführten Begriffe anschließend ausführlich im Detail.
Gehen wir der Reihe nach vor.

Beim Verkauf eines freistehenden Hauses sollten sie folgende Unterlagen bereitlegen:

- ➢ Grundbuchauszug zum Anwesen
- ➢ Lageplan des Grundstücks
- ➢ Grundriss-Zeichnungen der einzelnen Etagen
- ➢ Wohnflächenberechnung und Kubaturberechnung
- ➢ Bauakte
- ➢ Abrechnung der gesetzlichen Gebäudebrandversicherung
- ➢ Energieausweis
- ➢ 2 Fotos mit unterschiedlicher Außenansicht vom Gebäude

Beim Verkauf eines Reihenhauses oder einer Doppelhaushälfte sind in der Regel weitere Papiere zu den gerade genannten Unterlagen erforderlich.

Dies sind:

- ➢ Weitere Grundbücher für gemeinschaftlich genutzte Gehwege und/oder Garagen auf separat befindlichen Grundstücken.
- ➢ Teilungserklärung für gemeinschaftlich genutzte Flächen
- ➢ Lagepläne mit Zuordnungsregelung der gemeinschaftlich genutzten Flächen oder eines Sondereigentums

Beim Verkauf einer Eigentumswohnung in einer Wohnanlage mit mehreren Wohneinheiten sind diese Unterlagen notwendig:

> ➢ Grundbuchauszug zur Wohnung ggf. auch Grundbuch zu einer separaten Garage oder Tiefgaragenstellplatz oder Stellplatz im Freien
> ➢ Lageplan des Gebäudes mit Grundstücksbezeichnung (Flurstück-Nr.)
> ➢ Teilungserklärung (komplett !)
> ➢ Grundriss-Zeichnung zur Wohnung
> ➢ Wohnflächenberechnung
> ➢ Protokoll der Eigentümerversammlung
> ➢ Nebenkostenabrechnung
> ➢ Abrechnung der gesetzlichen Gebäudebrandversicherung
> ➢ Energieausweis
> ➢ Foto mit Außenansicht vom Gebäude

Häuser und Wohnungen die sich in sogenannter Erbbaupacht befinden genießen eine Sonderstellung auf dem Markt. Es gäbe ein ganzes Buch mit Informationen allein zu diesem Thema zu füllen. Hier sei allein darauf verwiesen, dass beim Verkauf eines solchen Eigenheims der bestehende Erbbauvertrag mit dem Erbbauberechtigten als zusätzliches Unterlagenmaterial erforderlich ist.

Falls sie wegen Überflutung der Ansprüche bereits an die Niederlegung ihres Privat-Projektes denken, behalten sie bitte im Auge, dass eine perfekte Unterlagenbereitstellung bereits die halbe Miete für ihren verkäuferischen Erfolg bedeutet.

Ohne ihre Motivation in Grund und Boden versenken zu wollen, möge noch eines erwähnt werden:
Jeder ordentliche Eigentümerwechsel von Wohneigentum hat seit langem die komplette Sammlung aller aufgeführten Unterlagen im Gepäck. Aufgelistetes Papiermaterial begleitet heute bestehende Immobilien seit deren Erbauung. Was da heißt:

Sollten sie irgendwann Wohneigentum „ohne" erworben haben – dann wurden sie vermutlich damals von der Muse höchstpersönlich geküsst. Um es präzise auszudrücken: Sie sind beim Kauf begaunert worden. Geblendet um ihr Recht zur Einsichtnahme und zum Erhalt des gesamten Dokumentensortiments.

Wieder zurück zu den unentbehrlichen Urkunden und Gebäudeunterlagen.
Zur Erleichterung will ich auf alle aufgeführten Begriffe und das „Warum und Wieso" noch einmal genauer eingehen. Denn, nur wenn sie meine Aufforderung verstehen und deshalb umsetzen befinden sie sich in der Chefetage ihres Vorgehens.

Steigen wir jetzt also in die Niederungen der Details.

3.1.1 Grundbuchauszug

In deutschen Landen ist Wohneigentum ein sehr hohes Gut und dankbarerweise entsprechend geschützt. Der Eigentümername bzw. die Eigentümernamen (es können natürlich mehrere Personen gemeinschaftlich Eigentümer und somit gleichberechtigt sein) im Grundbuch eines Eigenheims ist eine Art Generalsicherheit des Besitztums für die namentlich eingetragenen Personen.

Der Grundbuchauszug zum Verkaufsobjekt ist bei einem Verkauf zwingend vorzulegen.

Das Grundbuch gibt explizit Auskunft über Größe, Anteile, Sondereigentumsrechte, zum Haus oder zur Wohnung zugehörende weitere Räume wie z.B. Keller oder Garage. Es sind Besonderheiten, die das Anwesen betreffen geregelt, wie Fahrrechte, Grunddienstbarkeiten (für Wasserleitungswartung oder Gulliangelegenheiten der Kommunen) oder Baulasten.

Den Grundbuchauszug zu Ihrem Verkaufsobjekt erhalten Sie gegen einen geringen Obolus beim Grundbuchamt in dessen Bezirk sich das Verkaufsobjekt befindet.
Jede Stadtverwaltung nennt gerne den Standort des zuständigen Grundbuchamtes.

TIPP: Für ein ordentliches Verkaufsgeschäft genügt eine **unbeglaubigte** Ausfertigung des Grundbuches. Fallen sie den Haifischen des Amtes nicht ins Becken. Gerne wird ahnungslosen Privatverkäufern eine schicke mit noblem Siegel versehene, aber geldbeutelunfreundliche und zum Zwecke eines Verkaufs völlig unnötige Variante angepriesen.

Auch gerne erlebt wird, dass die Unterlagen lückenhaft aufbereitet den Anforderer erreichen. Man bedenke also den hohen allzeitigen Belastungsdruck der Angestellten derartiger Behörden und kontrolliere eingehend das überreichte Unterlagenmaterial auf Vollständigkeit.

Besonders beliebt beim Amt, ist die Angabe einer großzügigen Wartezeit bis die Bearbeitung der Papiere abgeschlossen und die Urkunde ausgehändigt werden kann. Ich sage ihnen, jede Doktorarbeit geht schneller.

Lassen sie sich also von keiner überlasteten Bürodame mit „gibt's nicht" oder „dauert noch" abwimmeln. Die Damen (natürlich gibt es auch Herren bei diesen Ämtern) verdienen gutes Geld und nehmen sich immer Zeit für ihr Anliegen, wenn sie nur wollen.

TIPP: Es ist wärmstens empfohlen auf die Vollständigkeit des Grundbuchauszuges zu achten.

Alle, wirklich alle, Seiten gehören dazu. Auch jene, die keine Einträge aufweisen. Ebenso alle Rückseiten.

Ahnen sie, warum ich so ausdrücklich auf eine rechtzeitige Unterlagenbeschaffung dränge?

Gut. Gehen wir zum nächsten Punkt.

3.1.2 Lageplan mit Grundstücksbezeichnung

Der Lageplan ihres Grundstücks müsste sich mindestens in ihrem „Hausordner" finden lassen. Auch wenn sie Wohnungseigentümer sind. Wie sonst wären sie jemals in der Lage mit Gewissheit „ilhr Land" abzuschreiten. Ganz zufrieden mit ihnen bin ich, wenn sie auf diesem Plan bereits eine Flurstücks-Nummer vorfinden. Diese Nummer muss deckungsgleich mit der aufgeführten Nummer in ihrem Grundbuch (auf Seite 1 – Bestandsverzeichnis) sein.

Finden sie besagten Lageplan nicht, besuchen sie bitte nochmal die fleißigen Beamten des zuständigen Grundbuchamtes. Spätestens im Katasteramt des zuständigen Bezirks taucht der gesuchte Plan mit Flurstücks-Nummer auf.

Die Vorlage des Lageplans wird von guten Notaren zwingend verlangt. Auch, weil ein Notar sich damit ein besseres Bild der Gesamtlage verschaffen will. Besonders ausdrucksstark wirkt der Lageplan bei komplizierteren Gebäudeanordnungen, Gemeinschaftsarealen, Winkelbauten, Anwesen mit Nebengebäuden oder bei grenznah bebauten Objekten.

Ich selbst sehe es grundsätzlich positiv, wenn der Notar diesen genannten Lageplan verlangt. Beweist dies doch im Klartext den gewissenhaften Einsatz des Notars für seine Klienten.

Es wird sie interessieren, dass das Thema Notar und sein Umfeld in Kapitel 7 dieses Buches noch genauere Betrachtung findet.

3.1.3 Grundriss-Zeichnungen

Nicht unbedingt erforderlich – aber immer verlangt.

Grundrisse vermitteln dem Betrachter eine ausgezeichnete Vorstellung von Größe und Anordnung der einzelnen Räume zueinander. Von Oben betrachtet. Ein interessanter und immer beliebter Punkt. Ein enorm wichtiger Punkt aus Käufersicht. Ich selbst habe noch nie einen ernsthaften Interessenten getroffen, der ohne Bitte um den Grundriss das Besichtigungsobjekt verlassen hat.

Zweifeln sie an meiner Aussage? Dann testen sie es selbst. Ein Blick auf den Grundriss ihres Verkaufsobjektes wird sie überzeugen.

Nun, wie gesagt ist der Grundriss nicht unbedingt notwendig. Jeder ernsthafte Interessent wird ihn aber verlangen. Woran ich außerdem „interessierte" Kunden erkenne, das verrate ich gern später.

Grundriss-Zeichnungen für Wohnungen sind grundsätzlich Bestandteil von kompletten Teilungserklärungen und sind als Anhang am Ende der Urkunde beigefügt.

Bei Häusern empfiehlt es sich die Bauakte genauer in Augenschein zu nehmen. Der Architekt erstellt für jede Etage seines Bauwerks grundsätzlich eine Grundriss-Zeichnung. Vom Keller bis zum Dach. Jede Etage einzeln.

Bei später erfolgten aufwändigeren Umbauten, wird in der Regel ein erneuter Grundriss erarbeitet, der anschließend vorzugsweise den Weg in ihren „Hausordner" gefunden hat.

3.1.4 Wohnflächen- und Kubaturberechnung

Die Wohnflächenberechnung: Ein Muss für jeden ordentlichen Verkauf.

Die Wohnflächenberechnung benennt die Anzahl der Quadratmeter Wohnfläche und die Flächenanteile von Nutzflächen die zur Wohnung, zum Haus gehören. Dafür ist eine DIN-Norm vorgesehen.

Information zur Wohnflächenverordnung

Bei der Berechnung nach der Wohnflächenverordnung (WoflV, §§ 42-44 der II.BV) aus dem Jahr 2004 werden nur Flächen mit einer Raumhöhe über zwei Meter voll zur Wohnfläche gezählt. Flächen von ein bis zwei Metern Höhe werden zu 50 Prozent und Flächen unter einem Meter Höhe überhaupt nicht angerechnet. Auch Terrassen, Loggien und Balkone, Wintergärten und Schwimmbäder werden nur bis zur Hälfte ihrer Grundfläche angerechnet.

Berechnungen, die vor 2004 auf Basis der alten Regelung erstellt wurden, bleiben weiterhin gültig, solange keine baulichen Änderungen vorgenommen werden, die eine Neuberechnung erforderlich machen.[4]

Die Wohnflächenberechnung gibt demnach Auskunft über die Quadratmeter, die der Käufer zum „bewohnen" oder „nutzen" erwirbt. Eine wichtige Sache für jeden Käufer. Hier, und da lege ich nun meinen Finger in eine offene Wunde, denkt so mancher Objektanbieter er könne gewaltig über die Hutschnur hauen. Macht es sich doch ausgezeichnet, wenn das Verkaufsobjekt anstatt 87 qm angeblich satte 93 qm bietet. Oder wenn das Objekt anstatt mit 95 qm sogar mit guten 100 qm offeriert wird.

Einzigartig ideenreich treten Verkäufer auf, die einfacherweise Wohn- und Nutzfläche zusammenrechnen und daraus die gesamte Wohnfläche deklarieren.

Sie wären bitter naiv anzunehmen, wenn es um die Gewichtigkeit des Geldbeutels geht, wären Kaufinteressenten auf den Hinterkopf gefallen.

Als oberstes Gebot sei genannt: Die angegebene Wohnflächen-Quadratmeterzahl, nachweisbar schwarz auf weiß lt. DIN-Berechnung vorgelegt, zeigt jedem kaufwilligen Interessenten ihre Fachkompetenz.
Mit reellen Zahlenwerten zur Hand punkten sie in Sachen Vertrauen enorm.

In ihrem eigenen Interesse sei dies ausdrücklich in ihr Gedächtnis eingebrannt.

Nun werden sie hier nicht aufgefordert durch ihr Reich zu kriechen und jeden Zentimeter zu vermessen. Damit hat sich der Architekt des Bauwerkes bereits beschäftigt. Und seine Angaben nach DIN Norm sind als amtlich anzusehen.

Die Wohnflächenberechnung zur Eigentumswohnung liegt jeder ordentlichen Teilungserklärung bei. Über dieses bereits mehrfach aufgeführte Schriftstück sprechen wir gleich.

Die Kubaturberechnung: Ein erforderliches Papier wenn es um einen Hausverkauf geht.

Die Kubaturberechnung, also die „Aufstellung der Kubikmeter des umbauten Raumes" wird sie selbst nicht interessieren. Davon ist noch keiner satt geworden.

Bei einem Hausverkauf interessiert sich dafür brennend die Bank des Kaufwilligen. Die Kubaturberechnung ist eines der zwingenden Schriftstücke, die jede Bank als Voraussetzung für die Herausgabe einer Finanzierungsbestätigung anfordert. Wie gesagt – nur Hausverkäufe betreffend.

In der Regel findet sich diese besagte Berechnung direkt im Anschluss an die Wohnflächenberechnung. Meist versteckt, als eine einzige Größenordnungsangabe, zwischen tausend bezifferten Werten und in fachchinesischer Sprache gehaltenen Auflistungen.

Für was diese geheimnisvolle Zahl notwendig sein soll, fragen Sie sich jetzt?

Warten Sie es ab. Zu diesem Punkt gibt es noch ein „Schmankerl" in dem Absatz „Preisfindung".

Kurz zusammengefasst:

Für Wohnungsverkäufe: Mit der amtlichen Wohnflächenberechnung sind sie gut aufgestellt.

Für Hausverkäufe: Kümmern sie sich um Wohnflächenberechnung und Kubaturberechnung – sie werden`s brauchen.

TIPP: Ist wirklich, also absolut wirklich, keine Kubaturberechnung aufzutreiben, weil die Bauakte zum Haus meinetwegen in Kriegswirren verschüttet wurde, klemmen sie sich ans Internet. Dort finden sich Vordrucke zur Erstellung der Kubaturberechnung. Es sei beachtet, dass die von ihnen selbst erstellte Berechnung (nach Gebrauchsanweisung der Vorlage) mit entsprechendem Hinweis auf „Selbsterstellung" versehen ist.

3.1.5 Bauakte

Ich denke die Bauakte muss hier nicht explizit besprochen werden. Kramen sie alles zusammen, was ihrer Vorstellung nach das Verkaufsobjekt aus bautechnischer Sicht näher beschreibt.

Gängige Papiere sind zum Beispiel: Pläne der verschiedenen Außenansichten des Gebäudes, Auflistung der im Bau eingebrachten Materialien, Wasserleitungs- und Stromleitungs-Verlaufs-Skizzen etc.

Bauakten begleiten Gebäude wie sie ihr Personalausweis begleitet. Der Unterschied liegt darin, dass in ihrem Personalausweis ihre Schuhgröße nicht vermerkt erscheint.

Wenn Notwendigkeit besteht, also falls ein übereifrig penibler Kaufinteressent auch noch den untersten Ziegelstein des Verkaufsobjektes beleuchtet haben will – werde er wohlwollend ans Bauamt verwiesen. Dort kann er gegen (sein eigenes) Geld die Bauakte einsehen.

3.1.6 Teilungserklärung

Das allgemeine Anti-Lieblings-Papier. Als Verkäufer eines freistehenden Hauses mit eigenem Grundstück dürfen sie sich nun ganz entspannt zurück lehnen.

Wen betrifft die Teilungserklärung: Alle Wohnungen in Gebäuden mit mehreren Wohneinheiten. Oft Reihenhäuser deren Areale gemeinschaftlich genutzte Flächen beinhalten. Selten Doppelhaushälften, die mit dem Nachbarn ebenfalls Areale auf dem Gesamtgrundstück gemeinschaftlich nutzen.

Es geht also um die Regelung der Aufteilung, der Nutzung und der Zuständigkeit eines Gebäudes bzw. Areals mit mehreren Eigentümern.

„Wikipedia" beschreibt es so: *„Danach handelt es sich um die Erklärung des Grundstückseigentümers gegenüber dem Grundbuchamt, dass das Eigentum an dem Grundstück in Miteigentumsanteile aufgeteilt wird, die mit Sondereigentum an einzelnen Wohnungen und/oder nicht zu Wohnzwecken dienenden Räumen verbunden sind."[6]*

Verstanden?

Wirklich wichtig an dieser Stelle ist ausschließlich,

dass zwingend und komplett dieses Schriftstück vorzulegen verlangt wird, wenn sie ihre Wohnung verkaufen wollen.

Zwingend heißt - ohne Teilungserklärung kein Verkauf!
Komplett heißt - alle Seiten der Teilungserklärung sind notwendig. Auch jene, die nicht speziell ihr Eigentum ansprechen.
Eine komplette Teilungserklärung beinhaltet mindestens:

➢ Die genaue Auflistung und Definition der einzelnen Wohneinheiten, mit Sondereigentum an z.B. Garagen, Stellplatz oder Keller.
Als Beispiel könnte da stehen "mit Sondereigentum an Keller Nr. 5 und Stellplatz Nr. 5 (im Plan markiert)".

➢ Pläne, also Skizzen und Zeichnungen mit genauer Lageangabe und entsprechender Bezeichnung, des genannten jeweiligen Sondereigentums.

Angaben in der Teilungserklärung stimmen mit den Angaben im Grundbuch überein!

Eigentlich einfach. Nicht wahr?

Aber dieses Schriftstück, und das kann ich ihnen aus meiner langjährigen Erfahrung felsenfest versichern, hat es in sich. Diese Urkunde hat schon so manchen Verkaufswilligen wegen Fehlens einzelner Seiten in den blanken Rücken gezwickt. Bei großen Mehrfamiliengebäuden umfasst das Dokument schnell an die 30 Seiten.

Endlich alle Seiten aufgespürt und zusammengetragen, hält die Teilungserklärung dann und wann eine saftige Überraschung bereit. Da stellt der Eigentümer plötzlich fest, dass er jahrelang auf dem Stellplatz seines Hausnachbarn parkt, weil ihm beim Kauf gesagt wurde, dieser Parkplatz gehöre zu seiner Wohnung. Oder es stellt sich heraus, dass der Stellplatz in Wirklichkeit Allgemeineigentum ist und nicht wie gemeint in privatem Besitz vom Eigentümer.

Die Teilungserklärung samt dazu gehörigen Aufteilungsplänen befindet sich in den Objektordnern von guten Hausverwaltungen. Immer griffbereit für deren Eigentümer. Die Betonung liegt absichtlich bei *guten* Hausverwaltungen.

Sie verstehen schon was ich meine.

Ansonsten dürfen sie sich auf einen erneuten Spaziergang zum Grundbuchamt freuen.

Da wir uns gerade durch ausschließlich Wohnungs-betreffenden Unterlagen wühlen, schwenken wir noch zu weiteren Papieren für Wohnungsverkäufer.

3.1.7 Nebenkostenabrechnungen und Protokoll der Eigentümerversammlung

Erlauben sie mir diese beiden Schriftstücke zusammen zu behandeln.

Beides bekommen sie mindestens 1 x jährlich von der Hausverwaltung automatisch überreicht.

Also die Abrechnung, der auf sie bezogenen Hauskosten und das Protokoll der besprochenen Punkte der letzten Haus-Eigentümer-Versammlung.

Unser wohlwollender Gesetzgeber schreibt im Wohnungseigentümergesetz entsprechend vor, wie sich die Hausverwaltung darstellt und welche Aufgaben zu erfüllen sind.

Nachstehend habe ich einen Auszug aus dem Wohnungseigentümergesetz abgedruckt. Es ist von erheblichem Vorteil, die wichtigsten Punkte dieser Verordnung vor dem geistigen Auge zu behalten um im Zweifelsfalle einem wissbegierigen Kaufinteressenten klipp und klar mit Sachverstand und Wissen antworten zu können.

Auszug aus dem Wohnungseigentümergesetz (WEG):

Die Wohnungseigentümerversammlung ist nach dem deutschen Wohnungseigentumsgesetz (WEG) das oberste Beschluss-, Willensbildungs- und Selbstverwaltungsorgan der Wohnungseigentümergemeinschaft. Im Wohnungseigentumsgesetz sind diejenigen Bereiche festgelegt, über die die Wohnungseigentümerversammlung beschließen kann. Dies betrifft insbesondere die laufende Verwaltung des gemeinschaftlichen Eigentums wie beispielsweise

- ordnungsgemäße Verwaltungsmaßnahmen
- Gebrauchsregelungen des gemeinschaftlichen Eigentums
- Instandhaltung und Instandsetzung
- Bestellung und Abberufung des Verwalters
- Ermächtigung des Verwalters zur Geltendmachung von Ansprüchen
- Wirtschaftsplan
- Jahresabrechnung und Rechnungslegung
- Bestellung eines Verwaltungsbeirats
- bauliche Veränderungen und Aufwendungen

Darüber hinaus können der Wohnungseigentümerversammlung durch eine Vereinbarung weitere Kompetenzen zugewiesen werden.

Einladung und Tagesordnung

Nach § 24 Absatz 1 und 2 WEG muss die Wohnungseigentümerversammlung mindestens einmal im Jahr vom Verwalter einberufen werden; außerdem in Fällen, die in einer Vereinbarung der Wohnungseigentümer bestimmt sind oder, wenn mehr als ein Viertel der Wohnungseigentümer es verlangt. Fehlt ein Verwalter oder weigert er sich pflichtwidrig, die Versammlung einzuberufen, kann die Einberufung auch, wenn ein Verwaltungsbeirat (§ 29 WEG) bestellt ist, durch dessen Vorsitzenden oder seinen Stellvertreter erfolgen (§ 24 Absatz 3 WEG). Die Einladung muss in Textform erfolgen. Die Einladungsfrist beträgt zwei Wochen, sofern nicht ein Fall von besonderer Dringlichkeit vorliegt. Die Einladung muss eine Tagesordnung haben, in der die Beschlussgegenstände so deutlich bezeichnet sind, dass den eingeladenen Eigentümern vorher klar ist, worüber abgestimmt werden soll. Stehen Beschlussgegenstände nicht in der Tagesordnung, so kann über sie auch nicht beschlossen werden (§ 23 Absatz 2 WEG). Das gilt jedoch nicht für Beschlüsse, die den Ablauf der Versammlung oder deren Vorsitz regeln.

Vorsitz der Versammlung

Der Verwalter führt den Vorsitz in der Wohnungseigentümerversammlung, sofern diese nicht einen anderen Versammlungsleiter mit Mehrheit wählt. Als Geschäftsordnungsantrag muss die Wahl des Versammlungsleiters nicht in der Einladung als Tagesordnungspunkt benannt sein.

Beschlussfähigkeit

Die Versammlung ist beschlussfähig, wenn die erschienenen stimmberechtigten Wohnungseigentümer mehr als die Hälfte der Miteigentumsanteile vertreten. Ist eine Versammlung nicht beschlussfähig, so kann der Verwalter eine neue Versammlung mit der gleichen Tagesordnung einberufen, die dann ohne Rücksicht auf die vertretenden Miteigentumsanteile zu diesen Tagesordnungspunkten beschlussfähig ist. Darauf muss in der Einladung hingewiesen werden. Eine sogenannte Eventualeinberufung ist nur zulässig, wenn die Teilungserklärung eine entsprechende Regelung enthält. Eventualeinberufung heißt, dass schon bei der ursprünglichen Einladung zu einer neuen Wohnungseigentümerversammlung eingeladen wird, wenn diese nicht beschlussfähig sein sollte. Erst dann, wenn tatsächlich die Beschlussunfähigkeit der Versammlung festgestellt wird, kann zu einer neuen Versammlung eingeladen werden.

Die Beschlussfähigkeit kann in der Teilungserklärung abweichend geregelt werden. In dieser kann z.B. festgelegt sein, dass die Versammlung ohne Rücksicht auf die Anzahl der Erschienenen beschlussfähig ist;

dies bedeutet dann, dass im Extremfall bei einem erschienenen Eigentümer die Versammlung beschlussfähig ist.

Beschlüsse der Wohnungseigentümerversammlung

Beschlüsse der Wohnungseigentümerversammlung werden in der Regel mit der Mehrheit der abgegebenen Stimmen gefasst. Stimmenthaltungen haben auf das Verhältnis der abgegebenen Ja- und Nein-Stimmen keinen Einfluss, sie gelten als nicht abgegeben. Eine Besonderheit stellen Beschlüsse über bauliche Veränderungen und Aufwendungen nach § 22 Abs. 1 WEG dar, die über die ordnungsgemäße Instandhaltung und Instandsetzung hinausgehen. Solche Maßnahmen können grundsätzlich nur mit Zustimmung aller Wohnungseigentümer beschlossen werden (Ausnahme § 22 Absatz 1 Satz 2 WEG). Außerdem ist es möglich, nach § 22 Absatz 2 WEG Maßnahmen, die der Modernisierung entsprechend § 559 Absatz 1 BGB oder der Anpassung des gemeinschaftlichen Eigentums an den Stand der Technik dienen, mit der sogenannten "doppelt qualifizierten Mehrheit" zu beschließen (Mehrheit von drei Viertel aller stimmberechtigten Wohnungseigentümer nach Köpfen und mehr als der Hälfte aller Miteigentumsanteile).

Die gefassten Beschlüsse müssen eindeutig sein und sollen keinen Interpretationsspielraum bieten. Fehlt

diese inhaltliche Bestimmtheit und Klarheit, kann ein
Beschluss anfechtbar oder sogar nichtig sein. In
beiden Fällen sind zur Klärung gerichtliche Verfahren
nach § 43 Nr. 4 WEG möglich.

Gültigkeit von Beschlüssen gegenüber
Rechtsnachfolgern

Beschlüsse der Wohnungseigentümer sind auch
gegenüber Rechtsnachfolgern, z.B. Wohnungskäufern
oder Erben, rechtsgültig (§ 10 Absatz 4 WEG). Sie sind
nicht in das Grundbuch einzutragen. Ein
Wohnungskäufer sollte sich also rechtzeitig durch
Einsichtnahme in die Beschluss-Sammlung über die
aktuell gültigen Beschlüsse informieren. Die
Einsichtnahme steht jedem Wohnungseigentümer
oder einem Dritten, den ein Wohnungseigentümer
ermächtigt hat zu (§ 24 Absatz 7 WEG).[6]

Man könnte also sagen: Die
Wohnungseigentümerversammlung ist der große
Bahnhof der Gemeinschaft im Jahr.

Hier   werden   die   alltäglichen   Dinge   der
„Wohngemeinschaft" beim Namen genannt. Sie
treten ans Tageslicht. Unumwunden.

Die Höhe der Kosten für die wohlig warme Gemütlichkeit der Bewohner. Was der Hausmeister für sein Engagement einsackt. Wie viel der Flaschner für den Austausch der Muffe im Waschmaschinenraum berechnet hat.

Ob die angesparten Rücklagen für eine Carporterweiterung reichen.

Welcher Rollladen regelmäßig die Nachtruhe von Nr. 3 untergräbt. Warum der Guli in der Tiefgarage immer noch für stiefelhohes Wasser bei Platzregen sorgt. Dass die Kinder von Nr. 6 und Nr. 7 gerne mit dem Hund von Nr. 1 Gassi gehen täten.

Und so weiter und so fort.

Es ist selbsterklärend, dass ein Kaufinteressent bei echtem Interesse, hinter diesen Informationen her ist wie der Falke hinter seinem Opfer.

Gut macht sich, wenn diese Unterlagen für zwei oder sogar drei zurückliegende Abrechnungsperioden bereitliegen. Nebenkostenabrechnungen und Protokolle stellen quasi die Visitenkarte ihres Objektes dar.

3.1.8 Gebäudebrandversicherung

In Deutschland ist der Abschluss einer Gebäudebrandversicherung gesetzlich geregelt. Das ist der Grund, warum dies bei einem Verkauf nachgewiesen werden muss. In erster Linie interessieren sich Banken vor Herausgabe einer Finanzierung für dieses Schriftstück.

Also nicht das „wie hoch" oder „bei wem" ist das zu verkaufende Eigentum versichert. Das Augenmerk gilt allein dem „ob überhaupt".

Meine Unterlagensammler-Nase sagt mir, die benannte Rechnung der Gebäudebrandversicherung ist sicher und at hoc greifbar in ihrem „Versicherungs-Ordner" verstaut. Sofern sie Hausverkäufer sind.

Als Wohnunsverkäufer erhalten sie die genannte Rechnung nur auf Anfrage, aber kostenfrei und ruckzuck bei der Hausverwaltung des Verkaufsobjekts.

Langsam nähert sich der Unterlagenstapel allmählich seiner Maximalhöhe.

Auch wenn Sie schon auf den kreativen Teil der Verkaufsaktion brennen, will ich noch ein weiteres Dokument genauer behandeln. Den Energieausweis.

3.1.9 Energieausweis

INFO: Die neue Energieeinsparverordnung ist seit Mai 2014 (EnEV2014) in Kraft. Es besteht Einhaltungspflicht und Kennzeichnungspflicht bereits im Angebot (wie z.B. in einer Zeitungsanzeige oder im Expose)! Seit Mai 2015 wurde eine Nichteinhaltung sogar unter Strafe gesetzt.

Was sagt diese Urkunde aus

Aus den Aussagen des Energieausweises ist kein wirklicher Rückschluss auf die tatsächlich auftretenden Energiekosten möglich. Gründe hierfür sind, dass die Berechnung auf einem Normklima in Deutschland und einer Normnutzung, wie einer gleichmäßigen Beheizung des Gebäudes, basiert. Der Standort und das Nutzerverhalten beeinflussen somit das tatsächliche Ergebnis. Im Bedarfsausweis werden der Primär- und der Endenergiebedarf ausgewiesen, im Verbrauchsausweis der Energieverbrauchskennwert.

Was heißt Primärenergiebedarf

Dieser Wert soll die Umweltverträglichkeit der Energienutzung des Gebäudes signalisieren. Dies kann dann irreführend sein, wenn umweltverträgliche Energieträger, wie beispielsweise Holz, in unsanierten Gebäuden eingesetzt werden. Hier geht eine relativ gute Umweltverträglichkeit mit eventuell hohen Kosten einher.

Was heißt Energiebedarf

Der Endenergiebedarf ergibt sich aus einer theoretischen Berechnung für das Gebäude. Ein niedriger Bedarf kann durch gute Wärmedämmung der Fenster, eine effiziente Anlagentechnik und eine effiziente Anlagensteuerung und Überwachung, erreicht werden. (siehe Internet - Wikipedia vom Mai2015)

Der "Energie-Fachberater" für den Sanierungs-Fachhandel fasste die wichtigsten Änderungen für Eigenheimbesitzer zusammen wie folgt:

Austauschpflicht für alte Öl- und Gas-Heizungen:

Ab 2015 stehen alte Ölheizungen und Gasheizungen vor dem Aus. Öl- und Gasheizungen, die vor 1985 eingebaut wurden, müssen dann außer Betrieb genommen werden. Wurde die entsprechende Heizung nach dem 1. Januar 1985 eingebaut, muss sie nach 30 Jahren ersetzt werden. Doch Ausnahmen bestätigen die Regel: Ausgenommen sind Heizungen mit Niedertemperatur- oder Brennwerttechnik. Auch Eigentümer, die am 1. Februar 2002 in ihrem Haus mindestens eine Wohnung selbst genutzt haben, sind nicht von der Austauschpflicht für alte Öl- und Gasheizungen betroffen. Im Falle eines Eigentümerwechsels muss der neue Hausbesitzer die Austauschpflicht innerhalb von zwei Jahren erfüllen. Der Energieausweis für Gebäude bekommt mehr

Gewicht. *Verkäufer und Vermieter müssen den Ausweis künftig bei der Besichtigung bereits vorlegen. Nach Abschluss des Vertrages muss der Ausweis unverzüglich an den Käufer bzw. Mieter übergeben werden - zumindest in Kopie. Die wichtigsten energetischen Kennwerte aus dem Energieausweis müssen außerdem schon in der Immobilienanzeige genannt werden.*

Nachrüstpflicht für die Dachbodendämmung.
Die Nachrüstverpflichtung zur Dachbodendämmung ist an sich keine EnEV-Neuheit, wird aber mit der Energieeinsparverordnung 2014 neu geregelt. Oberste Geschossdecken, die nicht die Anforderungen an den Mindestwärmeschutz erfüllen, müssen bis Ende 2015 gedämmt sein. Gemeint sind Decken beheizter Räume, die an ein unbeheiztes Dachgeschoss angrenzen. Die Forderung gilt auch als erfüllt, wenn das Dach darüber gedämmt ist oder den Anforderungen des Mindestwärmeschutzes entspricht. Ausnahmen gelten ebenfalls, wenn die Hausbesitzer zum Stichtag 1. Februar 2002 in ihrem Haus mindestens eine Wohnung selbst genutzt haben.

Die Vorlage eines Energieausweises wird von unserem ehrwürdigen Gesetzgeber seit einiger Zeit vorgegeben. Manche hochmotivierten Zeitgesellen nennen es das Non Plus Ultra der Energieinformation. Mag sein. Ich selbst mache überwiegend die

Erfahrung, dass realistisch denkende Kaufinteressenten, also die Reelldenker nicht die Erbsenzähler, diesen besagten Ausweis eher als eine übertriebene Variante einer oberflächlichen Darstellung ansehen. Und deshalb weit höheren Wert auf die Einsicht in aktuelle Verbrauchsrechnungen legen. Sowohl bei Wohnungen als auch bei Häusern.

Aus diesem Grund ist zu empfehlen beides bereitzuhalten. Energieausweis mit allen erforderlichen Daten und Verbrauchsabrechnungen.

Bei Wohnungen sind das z.B. die besprochenen Nebenkosten-Abrechnungen. Über mehrere Jahre zusammengestellt ergeben diese Abrechnungen hervorragende anschauliche Aussagen über die zu erwartenden Verbrauchswerte.

Bei Häusern sind z.B. Heizölrechnungen, Gasrechnungen, Solar-oder Votovoltaikabrechnungen interessant, ebenso Rechnungen für Brennholzeinkäufe, Stromrechnungen etc.

A c h t u n g: Das Thema Energieeffizienz ist in aller Munde. Vorschriften ändern sich mitunter. Ihr Kaminfeger ist immer auf dem aktuellen Stand der Vorgaben.

3.1.10 Fotos von der Außenansicht

Warum das, fragen sie?

Nun, die Bearbeiter mancher Finanzierungsinstitute schauen den Kunden eben gerne aufs Maul.
Oder:
Würden sie ihrem Freund ihr Vermögen borgen, wenn er dafür einen Schrottplatz kaufen will?
Man erfülle den eifrigen Finanzierungsinstitutionen für deren ehrwürdige Tätigkeit diesen Wunsch und baue darauf, dass dem in Aussicht befindlichen Kaufaspiranten baldmöglichst vom wohlwollenden Banker seine Finanzierungsbestätigung in gedruckter Form in die Hände gleitet.

Mit genannter Unterlagensammlung bewegen sie sich während ihrer Verkaufsaktivitäten auf eisfreiem Untergrund. Sicheren Schrittes und mit reiner Weste wird ihr Verkaufsauftritt zum sonnigen Spaziergang ohne Gewitterwolken.

Erlauben sie mir an dieser Stelle eine Anekdote aus meinem Berufsalltag als Immobilienmaklerin. Die Geschichte mag veranschaulichen warum ich so eingehend darauf dränge, die Zusammenstellung der Verkaufsunterlagen nicht dem heiteren Zufall zu überlassen.

Mein persönlicher Unterlagenkrimi.

In meiner frühen Maklerzeit ließ ich mich noch zu derart abenteuerlichen Projekten überreden. Ein junges Fräulein brachte es fertig mich so zu beknien, dass ich auf diesen denkwürdigen deppenhaften Deal einging:

Die Dame war sowas von redegewandt.

Jedenfalls bat ich sie um die Unterlagen zur Wohnung. „Ja" bekundete sie „ ich bringe die Unterlagen demnächst vorbei". Schön, dachte ich und startete meinen Auftrag. Die Unterlagen kamen nicht. Und kamen nicht. Und kamen nicht. Mein Telefon hätte die Nummer im Schlaf gewählt, so häufig bat ich darum.

Arbeitswütig, hirnverbrannt wie nur ein grüner Anfänger darauf los prescht, bewarb ich das Objekt noch bevor dieser besagte mühselige Papierkram mir vorlag. Besichtigte mit Kunden, verhandelte, besichtigte abermals. Und wartete geduldvoll auf die vor Urzeiten mit leuchtend ferrariroter Checkliste angeforderten Dokumente zum Objekt.

Mein Anfängerglück meinte es ausgesprochen hold mit mir und bescherte recht bald einen zahlungskräftigen kaufwilligen Interessenten. Es hätte ein Deal wie aus der berühmtesten Erfolgsstory werden können. Wenn..., ja wenn die Urkunden zur Wohnung vorgelegen hätten.

In höchster Alarmstufe versetzt wurden absolut alle erdenklichen Möglichkeiten aus dem Hut gezaubert, also tatsächlich sämtliche Unternehmungen unter Maximaldruck gestartet um die erforderlichen Papiere aufzutreiben. Die Verkäuferin, immer noch gemütlich wie beim Altseniorentreffen unterwegs, schien ein Gedächtnis wie ein Sieb zu haben. Frisch und fröhlich bekundete sie, meine Checkliste anstatt für bare Münze für einen überflüssigen Scherz gehalten zu haben. Derweil redete ich mir wochenlang bereits den Mund fusselig damit sie ihre Aufgabe, nämlich die Besorgung der Dokumente, in Angriff nehme und diese mir unverzüglich zur Verfügung stelle.

Als ob ich aussehe wie einer der während der Arbeit mit Scherzen um sich wirft, der Witze kreiert, dessen Tun ein lustiges Vergnügen kennzeichnet
.
Nun, es kam so wie es kommen musste.

Der kaufwillige Interessent verließ die Arena noch bevor ich mit den heißersehnten Papieren aufzuwarten in der Lage war. Der Kaufanwärter deutete die fehlenden Dokumente prompt abschlägig als „mit dieser Wohnung stimmt etwas nicht, da ist *was faul". Er verschwand von der Käufer-Bildfläche auf nimmer Wiedersehen.*

Und ich ?

Was mag dieses Erlebnis Ihnen veranschaulichen?

Kümmern Sie sich rechtzeitig um alle notwendigen Dokumente zum Verkaufsobjekt !

4 Wie finde ich den richtigen Verkaufspreis?

Möglicherweise haben sie nun den „heißesten" Abschnitt dieses Buches vor sich.

Dieses Kapitel brennt garantiert jedem Objektanbieter unter den Nägeln. Schließlich steht dem Verkäufer das Ansinnen nach einem möglichst hochpreisigen Verkaufserfolg zu. Der Clou an der Sache ist, dass dem Käufer, also ihrem Kontrahenten bei dem anstehenden Geschäft, naturgemäß sein eigener Geldbeutel am nächsten steht.

Das Aufeinandertreffen von Schwarz und Weiß, von Kubismus und Barock verlangt ein Strategiespiel wie es Napoleon nicht genialer hätte ersinnen mögen.

Darf ich es direkt sagen?

Die meisten privaten Verkäufer gehen bei der Preisdeklaration des Verkaufsobjektes wie Blücher vor. Und genau damit legen sie schon den sicheren Grundstein für ihr Fersengeld.

In Gottesnamenswillen verdächtigen sie mich bitte jetzt nicht der üblen Nachrede.

Aber es muss einmal auf den Tisch gelegt werden:

Diejenigen Privatverkäufer, die den Verkaufspreis ausschließlich aus dem Bauch heraus mit einem kurzen Fingerschnippen nach dem Lust und Laune Vollekanne Prinzip finden, darf man getrost als die Verkaufskanonen der Lach- und Schießgesellschaft anerkennen.

Ohne das „gesunde" Bauchgefühl in den Abgrund der glühendsten Hölle werfen zu wollen, als alleiniges Preisfindungsinstrument birgt es gewaltige eigenschädliche riskante Gefahren.

Es verhält sich so. Ich gebe ihnen meine Hand darauf.

Woher in Dreinamenswillen wollen sie auch wissen, wie das Immobiliengeschäft tickt? Verstehen sie mich richtig. Es liegt mir fern, mich hier mit Girlanden zu schmücken. Ich kann es nur nicht leugnen, dass ich aus einem erheblichen Erfahrungsschatz schöpfen darf.

In der Ruhe liegt die Kraft – sagt man. Damit sie sich zu den ernstzunehmenden Verkaufsprofis heranschleichen, gehen wir deshalb zuerst einige gängige, gern praktizierte Überlegungen der Preisfindung durch.

Unsere Absicht lautet: Wir wollen mit geringstem Aufwand, baldmöglichst einen höchstadäquaten Verkaufspreis erwirtschaften.

Wir verkaufen kein Kilogramm Obst auf dem Wochenmarkt, keine Leberwurst am Marktstand. Es steht auch keine Kunstrarität mit Lieblingspreis zum Verkauf.

Wir verkaufen eine mit ihrem Schweiß getränkte Immobilie – realistisch und professionell.

Die beliebte Variante:

Die Variante, den Verkaufspreis aus dem Bauch heraus „einfach einmal hoch genug" anzusetzen, hängen se bitte sofort an den Galgen. Diese Machart haben wir ja bereits eben erörtert. Auch wenn ihnen diese Vorstellung sympathischer ist wie ihre Schwiegermutter, widmen sie ihre kostbare Zeit etwas Wertvollerem.

Eine derartige Überlegung untergräbt schlicht das Niveau des Fachmanns.

Die unselbständige Variante:

Es mag sie zum kugeln vor Lachen reizen, aber ich habe diese Eigenart tatsächlich schon in solchem Grade etliche Male kennengelernt. Wenn ich meine Verkäuferkunden danach fragte, wie sie auf die Preisvorstellung kommen wurde mir allen Ernstes vertrauensvoll angedeutet: „Mein Arbeitskollege hat letztes Jahr sein Haus verkauft. Er hat gemeint ich kann ohne Weiteres mindestens ....verlangen".

Ich lege meinen Rat freundlich zu ihren Füßen: Verlassen sie sich höchstens wenn es um die Haltbarkeit der nächsten Grillwurst geht, auf ihren Arbeitskollegen.

Scherz nun beiseite. Sie lesen um ernsthafte Tipps zu erhaschen.

Die Vergleichs Variante:
Zeitungen mit Immobiliensparten bieten eine beachtliche Anzahl an Vergleichsmöglichkeiten. Vorteil: Im ortsansässigen Blatt tummeln sich regionale Anzeigen. Auf die Region bezogen. Es lassen sich mit hoher Wahrscheinlichkeit ähnliche Verkaufsobjekte finden.

Immobilienportale im Internet reihen duzendweise vergleichbare Verkaufsobjekte auf. Tatsächlichen Dienst, für einen echten Vergleich, bieten die Objektangebote aus der engeren Ortsauswahl.

Aushänge der Immogrößen des Wohnortes lohnen sich ebenfalls zu beäugen. Meist mit anschaulichen Objektfotos versehen, geben entsprechende Aushänge äußerst aufschlussreiche Informationen über Zusammenspiel von Größe, Zustand und Alter des Objekts und Preis.

Eine unter Fachleuten altbekannte Tatsache was eine objektive Preis-Bewertung eben genannter

Vergleichsquellen anbelangt, gilt es allerdings zu berücksichtigen. Nur wenige Objekte werden zum ursprünglichen im Expose ersichtlichen Kaufpreis letztendlich verkauft.

Internetsammlungen verschiedener Immoportale (z. B. Immoscout24 oder Immowelt, nur um ihnen einen Ansatz zu bieten) über Objektpreise befinden sich regelmäßig und aktuell im Netz. Die Preisspannen sind recht großzügig gehalten, benennen aber durchaus ansatzweise Richtwerte.

Berichte des örtlichen Gutachterausschusses sind wahre Fundgruben für Vergleichspreise. Die Sammlung der echten Verkäufe, also tatsächlich erfolgter Kaufvertragsabschlüsse geben Superinfos über original realisierbare Verkaufspreise.

Die berechnende Variante:
Hiermit nähern wir uns der Genauigkeit.
Ich will dieses schwammige Thema kurz auf den Punkt bringen:

Wert ist nicht gleich Preis!

Nachstehend abgedruckt lesen sie den entsprechenden Auszug der Erklärung aus dem „Fachlexikon Immobilienwirtschaft"

„...Ein Wert ist daher nicht gleichzusetzen mit einem Preis, da ein Preis, sofern er im Rahmen einer Transaktion von Rechtsansprüchen tatsächlich am Markt realisiert wurde, objektiv ist. Die Grundlage für eine Grundstückswertermittlung durch öffentliche und vereidigte Sachverständige bilden die Wertermittlungsverordnung sowie die Wertermittlungsrichtlinien des Baugesetzbuches. Für andere Sachverständige ist eine Wertermittlung nach alternativen Methoden zulässig....“[7]

Auch wenn ich innerlich meinen geistigen Diener vor all denen mache, die in seitenlangen Exeltabellen mit Berechnungen nach der Wertermittlungsverordnung und deren Richtlinien „den Immobilienwert“ erarbeiten, akzeptiere ich diese langweilig pragmatischen Zahlenreihen, für meine Person, als Frau der Praxis, nicht ohne Bedenken.

Es ist mir ein Anliegen hier weiter auszuholen.
Es soll auf keinen Fall der Eindruck entstehen, besagte Zahlenreihen seien unmoralisch. Im Gegenteil – sie entsprechen dem Gesetz, der Richtlinie und der Verordnung. Ich halte sie lediglich für emotionslos.

Erfahrene Makler und andere Sachverständige verbringen erhebliche Zeit unter anderem damit „Verkehrswerte“, also „Marktwerte“ zu ermitteln.

In verheißungsvollem Fachdeutsch liest sich das so:

Der Verkehrswert (Marktwert) wird durch den Preis bestimmt, der in dem Zeitpunkt, auf den sich die Ermittlung bezieht, im gewöhnlichen Geschäftsverkehr nach den rechtlichen Gegebenheiten und tatsächlichen Eigenschaften, der sonstigen Beschaffenheit und der Lage des Grundstücks oder des sonstigen Gegenstandes der Wertermittlung ohne Rücksicht auf ungewöhnliche oder persönliche Verhältnisse zu erzielen wäre."[8]

Der Unterschied einer realistisch umsetzbaren Preisberechnung und einer stupiden Wertberechnung nach Formeln liegt in der Lebhaftigkeit des Marktes. Die Tücke besteht darin, dass der kühl berechnete Wert eines Eigenheims ein völlig anderer sein kann, als der Preis der zum heutigen Tag für eben dieses Eigenheim zu erzielen ist.

Was ich ihnen sagen will: Möglich ist ein gravierender Wertunterschied zwischen der faktischen Wertberechnung ihres Wohneigentums und dem zu erzielenden Verkaufspreis. Was nichts anderes heißt, als dass sie für ihr Verkaufsobjekt möglicherweise weit weniger oder immens mehr erlösen werden, als die langen kompliziert berechneten Listen prophezeien.

Eine bemerkenswerte Erkenntnis, die ausgeprägterweise seit der viel diskutierten Krise vornehmlich von Banken bedenklich hohe Beachtung erfährt.

Lassen wir diese Anmerkung jedoch momentan zunächst so stehen und greifen das Thema im Kapitel das die Finanzierungen behandelt noch einmal eingehender auf.

Erst will ich noch eine weitere Preisfindungsvariante vorstellen.

Die kombinierte Variante:
Meines Erachtens lohnt sich die Mühe die Kombination anzusteuern. Die Kombination bietet im Besonderen demjenigen, dessen Tagesgeschäft Wichtigeres vorsieht, als sein Eigenheim zu veräußern, eine einfache, recht sichere, profitable Aussicht auf ein optimales Ergebnis.

Die Formel heißt:

Vereinfachte Berechnung + Bauchgefühl + Vergleich

So marschieren sie auch als wenig Geübter flotten Schrittes ans Ziel. Sie werden es merken, es ist nicht schwer.

Vor dem Start der „vereinfachten Berechnung" sind ein paar wenige Informationen einzuholen, die ich nachstehend genauer expliziere:

➢ Der aktuelle *Bericht des örtlichen Gutachterausschusses* (Auskünfte: Stadtverwaltung, Bauamt, Internet. Daraus entnehme man: Den Wert für den Neubaupreis pro qm, Zu-bzw. Abschlag für Lage (dieser Wert wird ebenfalls in Mietpreisspiegeln angegeben), Werte für aktuelle Baunebenkosten

➢ Die neueste Veröffentlichung der örtlichen *Bodenrichtwert-Karte* (Auskünfte: Stadtverwaltung, Bauamt)

➢ Die jüngsten Informationen über den augenblicklichen *Marktanpassungsfaktor* (Auskünfte: Internet, jeder ordentliche Makler erteilt diese Auskunft ohne Verpflichtungsdrang)

➢ Die *Tabelle für den Altersfaktor* (nachstehend beigefügt)

Jetzt nehmen wir die (inzwischen) vorliegenden Objektunterlagen zur Hand und entnehmen diesen folgende Größen:

➢

- ➢ Die Zahl der DIN-Wohnfläche
- ➢ Den derzeitigen Neubaupreis pro qm (Gutachterwerte)
- ➢ Die Größe des Grundstücks (bei Häusern)
- ➢ Die Kubaturzahl (die Kubikmeter des umbauten Raumes bei Häusern)

Der vereinfachten professionellen Berechnung steht nun nichts mehr im Wege also legen wir sogleich los.

Einen Augenblick noch. Gleich überfällt sie das nackte Berechnungsschema mit sogenannten „variablen Unbekannten". Um sie beim Wort zu nennen wären das:

- ➢ Besonderheit Einrichtung
- ➢ Außenanlagen
- ➢ Extras
- ➢ Abschlag für Mängel

Nun, der positive Hinweis sei – hier gönnt ihnen die Berechnung individuelle Freiheiten was bauliche Besonderheiten, Extras, künstlerische Gestaltungsdetails anbelangt, mit in ihre Verkaufspreis-Berechnung einzubeziehen. Der negative Hinweis ist – wenn sie hier ihre tatsächlich ursprünglich entstandenen Kosten für Extravaganzien veranschlagen, dann verfolgen sie mit Sicherheit die falsche Fährte. Es ist nun einmal so, dass persönliche Extravaganz sich nie und nimmer in einem erhofften

Geldbetrag wiederfinden wird. Die Wahrscheinlichkeit, dass gerade ihnen das seltene Glück hold sein mag, einen Käufer für genau ihr Schönheitsideal zu finden ist, auch wenn sie mich von der Bank stoßen, unter 1 %.

Variable Unbekannte bedürfen in jedem winzigen Detail der wohlüberlegten Betrachtung durch die Lupe des kritischsten Nachbarn. Bleiben sie was diese „Unbekannten Variablen" anbelangt, zunächst für ihre Hinterkopf-Verkaufspreisberechnung auf dem nüchternen Boden der emotionslosen Sachlage.

Mit der Schönheitsgröße aufgeführter variabler Unbekannten treiben sie später, beim aktiven Verkaufsgespräch, ihre hochfeine Sensorik, mit meisterlichem Fingerspitzengefühl zur Perfektion.

Für einen bodenständigen Grundstock benötigen wir im ersten Schritt unsere nüchterne Berechnung.

Unsentimental sachlich auf dem Teppich der Realität.

Im Folgenden sind zwei Schemen gezeigt. Eine vereinfachte Berechnung für Eigentumswohnungen und eine weitere, die sich für Häuser eignet.

Sehen sie selbst:

4.1 Tabellen zur Verkaufspreis-Ermittlung

Die vereinfachte Tabelle zur Kaufpreisermittlung für eine Wohnung kann zum Beispiel so aussehen:

	Grundlage	Einheit
	DIN-Wohnfläche	qm
x	Neubaupreis pro qm (aus dem Bericht des Gutachterausschusses)	€
=	heutiger Neubauwert	€
-	Altersfaktor	%
=	Wert normaler Standard	€
+	Ausstattung über Standard	€
+	Wert der Extras	€
+	Wert Garage	€
+	Wert Stellplatz	€
-	Abschlag für Mängel	€
+/-	Zu-/Abschlag für Lage (aus dem Bericht des Gutachterausschusses)	€
=	Sachwert der Immobilie (Annäherung)	€
x	Marktanpassungsfaktor	Faktor
=	**Ermittelter Verkaufspreis**	**€**

Wollen Sie eine vereinfachte Kaufpreisermittlung für ein Haus vornehmen eignet sich nachstehende Tabelle:

	Grundlage	Einheit
	Grundstücksfläche lt. Grundbuch	qm
x	Bodenpreis je qm	€ pro qm
=	Vorläufiger Bodenwert	€
-	Abschlag für Bebauung und/oder Übergröße	€
=	**Wert des Grundstücks**	**€**
	Kubikmeterzahl Gebäude (cbm umbauter Raum)	€
x	Neubaupreis je cbm	€ pro cbm
=	Neubauwert des Gebäudes	€
+	Besonderheiten / Einrichtungen	€
+	Wert der Außenanlagen	% v. Geb.
+	Baunebenkosten	% v. Geb.
=	Zwischensumme Gebäude	€
x	Altersfaktor	%
=	Vorläufiger Zeitwert des Gebäudes	€
+	Extras	€
+	Wert Garage	€

+	Wert Stellplatz	€
-	Abschlag für Mängel	€
=	**Wert des Gebäudes**	**€**

Die Addition des errechneten Wertes für das Grundstück und des errechneten Wertes für das Gebäude aus vorheriger Tabelle erfahren wir den Wert des Anwesens ohne die preisliche Berücksichtigung des augenblicklichen Marktes.

Erst durch das einbeziehen des Marktanpassungsfaktors erreicht die Berechnung den realitätsnahen, derzeit tatsächlich umsetzbaren Handelspreis der Immobilie.

	Kaufpreisermittlung Haus	
	errechneter Wert des Grundstücks	€
+	errechneter Wert des Gebäudes	€
x	Marktanpassungsfaktor	Faktor
	Ermittelter Verkaufspreis	**€**

Wie versprochen nachstehend die Auflistung für die Bestimmung des Altersfaktors eines Gebäudes:

Gebäudealter	Gesamtnutzung 80 Jahre	Gesamtnutzung 100 Jahre
1 Jahr	0,6 %	0,5 %
2 Jahre	1,3 %	1,0 %
3 Jahre	1,9 %	1,5 %
4 Jahre	2,6 %	2,1 %
5 Jahre	3,3 %	2,6 %
6 Jahre	4,0 %	3,2 %
7 Jahre	4,8 %	3,7 %
8 Jahre	5,5 %	4,3 %
9 Jahre	6,3 %	4,9%
10 Jahre	7,0 %	5,5 %
11 Jahre	7,8 %	6,1 %
12 Jahre	8,6 %	6,7 %
13 Jahre	9,4 %	7,3 %
14 Jahre	10,3 %	8,0 %
15 Jahre	11,1 %	8,6 %
16 Jahre	12,0 %	9,3 %
17 Jahre	12,9 %	9,9 %
18 Jahre	13,8 %	10,6 %
19 Jahre	14,7 %	11,3 %
20 Jahre	15,6 %	12,0 %
21 Jahre	16,6 %	12,7 %
22 Jahre	17,5 %	13,4 %
23 Jahre	18,5 %	14,1 %
24 Jahre	19,5 %	14,9 %

25 Jahre	20,5 %	15,6 %
26 Jahre	21,5 %	16,4 %
27 Jahre	22,6 %	17,1 %
28 Jahre	23,6 %	17,9 %
29 Jahre	24,7 %	18,7 %
30 Jahre	25,8 %	19,5 %
31 Jahre	26,9 %	20,3 %
32 Jahre	28,0 %	21,1 %
33 Jahre	29,1 %	21,9 %
34 Jahre	30,3 %	22,8 %
35 Jahre	31,4 %	23,6 %
36 Jahre	32,6 %	24,5 %
37 Jahre	33,8 %	25,3 %
38 Jahre	35,0 %	26,2 %
39 Jahre	36,3 %	27,1 %
40 Jahre	37,5 %	28,0 %
41 Jahre	38,8 %	28,9 %
42 Jahre	40,0 %	29,8 %
43 Jahre	41,3 %	30,7 %
44 Jahre	42,6 %	31,7 %
45 Jahre	43,9 %	32,6 %
46 Jahre	45,3 %	33,6 %
47 Jahre	46,6 %	34,5 %
48 Jahre	48,0 %	35,5 %
49 Jahre	49,4 %	36,5 %
50 Jahre	50,8 %	37,5 %
51 Jahre	52,2 %	38,5 %
52 Jahre	53,6 %	39,5 %
53 Jahre	55,1 %	40,5 %

54 Jahre	56,5 %	41,6 %
55 Jahre	58,0 %	42,6 %
56 Jahre	59,5 %	43,7 %
57 Jahre	61,0 %	44,7 %
58 Jahre	62,5 %	45,8 %
59 Jahre	64,1 %	46,9 %
60 Jahre	65,6 %	48,0 %
61 Jahre	67,2 %	49,1 %
62 Jahre	68,8 %	50,2 %
63 Jahre	70,4 %	51,3 %
64 Jahre	72,0 %	52,5 %
65 Jahre	73,6 %	53,6 %
66 Jahre	75,3 %	54,8 %
67 Jahre	76,9 %	55,9 %
68 Jahre	78,6 %	57,1 %
69 Jahre	80,3 %	58,3 %
70 Jahre	82,0 %	59,5 %
71 Jahre	83,8 %	60,7 %
72 Jahre	85,5 %	61,9 %
73 Jahre	87,3 %	63,1 %
74 Jahre	89,0 %	64,4 %
75 Jahre	90,8 %	65,6 %
76 Jahre	92,6 %	66,9 %
77 Jahre	94,4 %	68,1 %
78 Jahre	96,3 %	69,4 %
79 Jahre	98,1 %	70,7 %
80 Jahre	100,0 %	72,0 %
81 Jahre		73,3 %
82 jahre		74,6 %

83 Jahre		75,9 %
84 Jahre		77,3 %
85 Jahre		78,6 %
86 Jahre		80,0 %
87 Jahre		81,3 %
88 Jahre		82,7 %
89 Jahre		84,1 %
90 Jahre		85,5 %
91 Jahre		86,9 %
92 Jahre		88,3 %
93 Jahre		89,7 %
94 Jahre		91,2 %
95 Jahre		92,6 %
96 Jahre		94,1 %
97 Jahre		95,5 %
98 Jahre		97,0 %
99 Jahre		98,5 %
100 Jahre		100,0 %

Die Werte wurden der Liste der Alterswertminderung nach Ross entnommen.[9]

Ich möchte ein Berechnungsbeispiel anhand obiger Liste geben:

Für ein Gebäude mit einem Alter von 34 Jahren und einer geplanten Gesamtnutzung von 80 Jahren, ist eine grundsätzliche Wertminderung wegen Alters von

30,3 % für eine realistische Gesamtpreisberechnung in Abzug zu bringen.

Um es vorweg bereits anzureißen. Der springende Punkt dabei ist: Es ist völlig belanglos, wie viel Liebe und pflegerischen Aufwand das Gebäude über die Zeit erfahren hat. Jede amtliche Wertermittlung beinhaltet (neben weiteren Werten) die Alterswertminderung wie oben aufgelistet.

Dazu später mehr.

Geschafft! Es liegt nun eine vereinfachte aber realistische Verkaufspreisberechnung vor.

Gefällt ihnen das Ergebnis?

Wollen sie meinen Kommentar dazu hören?

Ich übertreibe nicht, wenn ich prognostiziere, dass an dieser Stelle schon Welten zusammengebrochen sind.
Die Wirklichkeit ist erbarmungslos, herzlos und unpersönlich!

Gleichzeitig sei dieser Wirklichkeitsberechnung gedankt für die Ehrlichkeit der Aussage. Auf der sie nun aufbauen.

Die kombinierte Variante, meine persönliche lebendige Verkaufspreisermittlungs-Strategie, genehmigt die zusätzliche Einbeziehung von emotionellen Größen. Jetzt und hier, im verborgenen Kämmerlein, kommt das von mir höchstpersönlich miesgeredete Bauchgefühl doch noch zu seiner Ehre. Also fragen sie nun ihr persönliches Inneres. Welchen Wunsch-Verkaufspreis würde ihr Bauch auf das Auszeichnungsschild ihres Antlitzes schreiben?

Überprüfen sie. Und halten sie diesen Preis ebenfalls auf einem Blatt Papier augenscheinlich in Großformat fest.

Anschließend folgt die Kontrolle des augenblicklichen Marktes. Zur Beruhigung unseres überstrapazierten Egos wird ein Mittelwert anhand vergleichbarer aktiver Verkaufsangebote der Region errechnet. Je mehr Angebote für den Test herangezogen werden – umso besser. Aber Vorsicht: nur vergleichbare Objekte, also Wohnflächengröße, Lage, Baujahr des Gebäudes sind relevante Vergleichswerte.

Zum Schluss der Preisfindungsaktion, zu ihrer persönlichen Unanfechtbarkeit folgt nach allem der ultimative Sicherheitscheck.

Der Sicherheitscheck mit den veröffentlichten Gutachterwerten der in junger Vergangenheit tatsächlich verkauften Vergleichsobjekte und den aktuellen vergleichbaren Angeboten in Zeitung und/oder Internet.

TIPP: Zu beachten dabei sei dringend empfohlen: Merke – die wenigsten Objekte gehen zu dem in den Anzeigen offerierten Verkaufspreis über den Tisch! Handeln ist super modern und unheimlich beliebt. Der türkische Basar auf dem Immobilienmarkt hat längst glorreichen Einzug gehalten. Das rigorose Feilschen um jeden einzelnen Euro ähnelt auch auf dem Immobilienparcours einem sportlichen beliebten Wettkampf.

Diese Aktion, der Vergleich, schenkt íhnen also weitere Anhaltspunkte für einen optimalen Verkaufspreis in einer Wertangabe ausgedrückt.

Den Durchschnittswert der in junger Vergangenheit tatsächlich verkauften Objekte aus dem Bericht des Gutachterausschusses und der Durchschnittswert der augenblicklich vergleichbaren aktiven Verkaufsangebote.

Richtig! Fügen sie diese beiden Größen zu den bereits erarbeiteten möglichen Verkaufspreiszahlen hinzu.

Es dürften nun einige höchstinteressante aufschlussreiche spannende Zahlenwerte vorliegen.

Aber zunächst erst einmal richtig großen Respekt.

Bravo !

Die bedeutendste wesentlichste aller Aufgaben ihres Immobilien-Verkaufs-Projektes liegt bereits hinter ihnen.

Bleibt noch die Gegenüberstellung der vier erarbeiteten Zahlen.

Zusammengefasst liegen nun folgende Preiszahlen vor:

- ➢ Der Verkaufspreis laut vereinfachter Berechnung
- ➢ Der Verkaufspreis laut Bauchgefühl
- ➢ Der Verkaufspreis laut Vergleich Gutachterwerte
- ➢ Der Verkaufspreis nach Mittelwert der Verkaufsangebote

Legen sie sich nun, anhand dieser vier reellen Vorlagenzahlen, ihren vorläufigen Verkaufspreis zurecht.

Ein standsicherer, überzeugender, vertretbarer Einstiegspreis mit dem Sie sicher nicht den Eindruck des Dilettantismus bei der demnächst aufkreuzenden Interessentenschar erwecken, krönt schwarz auf weiß den vorbereiteten Verkaufsordner. Ein Verkaufspreis, den sie selbst guten Gewissens vertreten werden, der ihnen enorme Verhandlungssicherheit in kommenden Verkaufsgesprächen verleiht.

Natürlich handelt es sich bei dieser Empfehlung um mein persönliches Credo. Ich nehme für mich nicht in Anspruch, das Ei des Kolumbus gefunden zu haben. Es sei mir lediglich erlaubt aufzuführen, dass ich mit dieser Variante regelmäßig geringste Abweichungen zwischen der Verkaufspreis-Prognose und dem tatsächlich erreichten Verkaufspreis erziele. Was generell für diese Methode spricht. Und von jedem, wirklich jedem Normalo mit Leichtigkeit zu erarbeiten gelingt.

Mit einem gezielten, erarbeiteten Verkaufspreis-Einstieg haben sie gewissermaßen ihren realistischen und gefühlsmäßig positiven Verkaufserfolg bereits in der Hosentasche. Soviel sei versprochen.

Man kann nicht häufig genug darauf hinweisen, dass ein wohldosierter Einstiegspreis der Verkaufsaktion in Summe verdienstträchtigste Möglichkeiten bietet.

Sie fragen wie das zu verstehen ist? Nun, ihre selbst und eigenständig erarbeitete Kaufpreisvorstellung wirkt sich unversehens absolut sicher, positiv und professionell auf ihre Verkaufsgespräche hin aus. Sie werden es in Kürze erleben. Selbst erarbeitete Argumente schlagen jede willkürliche Verhandlungsattacke von Schnäppchenjägern in den Wind. Sie wirken stark, überzeugend – wie ein Profi.

Um hartgesottenen, coolen und gewieften Verhandlungsstrategen im Vorhinein den Wind aus den Segeln zu blasen empfiehlt sich ein Wertaufschlag als Verhandlungsgröße auf den festgelegten Verkaufspreis zu geben. Aber Vorsicht heißt die Mutter der Porzellankiste. Übertreiben ist ungesund!

Maßvoll – heißt ein angemessenes Maß an Gewinn.

Als ernstzunehmender Verhandlungspartner unterschreiten sie den nun mühsam aufbereiteten, in ihren geheimsten Winkeln eingebrannten Wunsch-Erlös nicht ohne drastischen Grund. Für ihren einträglichen Erfolg, will ich es nochmal predigen.
Bleiben sie hart auch wenn sie demnächst von allerschönstem Augenklimpern umgarnt werden. Bleiben sie ihren realitätsnah aufbereiteten Wertvorstellungen, was die Verkaufspreishöhe anbelangt, treu.

Mit besagter Methode der Preisfindung halten sie alle Argumente in der Hand. Sie selbst haben sich im Schweiße des Angesichts diese Argumente erarbeitet. Sie wissen von was die Rede ist und sie wissen warum dieses Eigenheim genau diesen Wert einnimmt. Komme daher, wer wolle. Stellen sie sich in den Wind wie der Koloss von Rhodos, wenn in Bälde ein gewitztes Verhandlungsgenie auftaucht. Auch, wenn ihre persönlichen Körpermaße im Vergleich zum sagenumwobenen Koloss vor Neid zu erblassen drohen.

Bleiben sie standhaft, wenn der scheinheiligste aller Schleimgänger, der unverschämteste aller Erbsenzähler, der knickrigste aller Sparfüchse, der handwerklichste aller Bauarbeiter ihnen demnächst einen Besuch abstattet.

Sie kennen die Entstehung ihres Verkaufspreises! Also bleiben sie vorläufig dabei.

Verstehen sie was ich meine?

Durch ihre mühevolle aufopfernde, zugegeben mühsame, vorangegangene Kaufpreisberechnungs-Aktion erlangen sie die Königsdisziplin, nämlich die Sicherheit ihrer Argumentation beim Verkauf. Ihr Trumpf im Spiel. Sie werden ihre wahre Freude daran haben den Trumpf ihrer Trümpfe, auszuspielen.

Sie sind der Verkäufer! Also lassen sie sich nicht verkaufen. Von handgemachten Seifenblasenkünstlern die nur das eine Ansinnen hegen, nämlich ein Schnäppchen einzuheimsen. Mit dem Trumpf in der Hand, nämlich ihrem geschulten Wissen „Warum und Wieso" aus dem Kapitel 4, der Preisfindung, in diesem Buch, das sie gerade in der Hand halten, lenken sie jeden überzogenen Käufer-Quasselmann in die Ecke.

Sie werden es erleben: Auch Käufer sind pfiffige Menschen. Und der Ideenreichtum derer, die in Windeseile ein paar Kröten gut zu machen gedenken, ist unerschöpflicher Natur.

Und noch ein brandheißer TIPP: Hüpfen sie was den Preis einer Immobilie anbelangt niemals hin und her wie der Hase in verschiedenen Rüben. Zeigen sie Entschlossenheit, Standfestigkeit, Durchsetzungswillen.

Zwischendurch will ich eine kleine echte Begebenheit aus meinem Makleralltag zur vorübergehenden Entspannung anbieten. Ein Erlebnis, wie sich Preis-Entschlossenheit für Verkäufer bezahlt macht. Nicht ganz ohne Stolz könnte ich von einer Vielzahl derartiger Begebenheiten berichten. Eine soll genügen. Für se von mir:

Mit der Vermittlung einer Wohnung in einem altehrwürdigen Mehrfamiliengebäude wurde ich vor einiger Zeit betraut. Zuallererst musste ein Verkaufs-Preis bestimmt werden, da die Verkäufer-Erbengemeinschaft (es waren 2 Erben) sich uneins über den richtigen höchstmöglichen Preis waren. Nach meiner Berechnungsmethode, die kombinierte Variante, kam ich mit Überzeugung auf einen zu erwartenden realisierbaren durchsetzungsfähigen Verkaufspreis von 119.000 €. Der zu erreichende Mindesterlös in meinem tiefsten Inneren nagelte ich für mich bei 110.000 € fest. Nach drei Wochen sah meine Angebotsliste der Interessenten mit abgegebenen Kaufpreisangeboten wie folgt aus:

Kaufinteressent Maier - Preisangebot von 105.000 €
Kaufinteressent Kunze – Preisangebot von 105.000 €
Kaufinteressent Müller – Preisangebot von 105.000 €

Die Verkäufer, also die Versammlung der beiden Erben, hatten vor meiner Beauftragung ein Angebot eines privaten Kaufwilligen ebenfalls über 105.000 € erhalten.

Mit meiner Preisberechnung von wahrscheinlich 110.000 € – 119.000 € setzte ich, das erstaunt niemanden, hohe Erwartungen bei den Erben. Da sich nach aktuellen Erkenntnissen die Angebote reihenweise auf 105.000 € beliefen, wurde in der Erbenrunde ernsthaft diskutiert ob man diesem Preis zustimmen solle, da man die Angelegenheit abschließen wollte.

Man verblieb, dass noch eine höchstens zwei Besichtigungsrunden durchgeführt werden sollen um dann eine Entscheidung zu treffen.

Weitere Besichtigungen wurden platziert. Da kamen Handwerker der unterschiedlichsten Gewerke mit erstaunlichen Aufwandsberechnungen im Stundentakt. Schnäppchenjäger mit absurden Preisvorstellungen. Dauermotzer, Wichtigtuer,

Interessenten die wer weiß wieviel Bauhandwerkerahnung vorgaben.

Meine Preisforderung stand bei 119.000 €! Nicht umsonst verfertigte ich schließlich mühevoll und zeitintensiv die realistische Preisberechnung für diese Wohnung.

Und siehe da: Plötzlich stand der richtige, wohlwollende, überglückliche Käufer da. Keinen Mucks hat er gemacht über den felsenfest offerierten Kaufpreis. Keine Miene hat er verzogen. Dieser Käufer war Realdenker. Kein Preisdrücker.
Das Geschäft ging glatt. Der Käufer war mehr als zufrieden. Und die Erbengemeinschaft - was denken Sie?
Schließlich füllte sich das Geldsäckel für jeden der Erben um das Sümmchen von glatten 7.000 € reicher.

Genug des Lobgesangs.
Verlassen wir nun den schlüpfrigen Boden der persönlichen Beweihräucherung und schauen wir uns das nächste Verkaufsthema an. Ein weit aus kreativeres Gebiet. Hier dürfen sie sich zum Stürmen ihrer eigenen Kreation hinreißen lassen.
Auch wenn programmierte, schematisierte Empfehlungen die Werbung betreffend für Außenstehende nicht ohne Risiko sind, möchte ich unbedingt darauf eingehen.

5 Wieviel Werbung ist gesund?

Die weithin manifestierte Meinung „Viel hilft Viel" veranlasst mich ein paar Gedanken dazu aufzugreifen. Besonders in Zeiten knapper Objektangebote und der Überzahl an verkaufswütiger Anpreiser (diese Spezies ist allgemeinhin als Makler bekannt) präsentiert sich kinoreifer Werbungs-Wildwuchs der besonderen Art dem aktiven Marktbeobachter. Ein faszinierendes Verwirrspiel tut sich dem Betrachter auf.

Bevor sie ihre eigene Werbekampagne starten machen wir einen gedanklichen Schlenker und werfen kurz einen Blick in die globale Werbewelt.

Beobachten wir zum Beispiel anhand der Prospektflut, die allwöchentlich den Briefkasten beglückt die Szene.

Stellen wir uns dazu eine Reihe einzelner Fragen:

- ➢ Was wird wie beworben?
- ➢ In welchen unterschiedlichen Medien finden wir die gleichen Anzeigen?
- ➢ Wie wirkt die Aufmachung der Angebote?
- ➢ Wie genau sind die Angebote beschrieben?
- ➢ Wie oft sehen wir denselben Artikel nur in unterschiedlichen Farben?
- ➢ Sind die Preise vergleichbar?

- ➤ Bietet die Konkurrenz das gleiche Produkt an?
- ➤ Welchen Preis nennt die Konkurrenz?
- ➤ Wie hochwertig sind die Angebote auf den ersten Blick?
- ➤ Wo finden wir ein sehr hochpreisiges Angebot?
- ➤ Von wem werden besonders hochpreisige Angebote beworben?

Merken sie es bereits?

Eine wahre Überschwemmung an Eindrücken prasseln auf unsere dauerfrequentierte Denkzentrale ein.
Auffallend dabei ist, dass je einfacher, je primitiver der Angebotsartikel ist, desto bunter, markanter, leuchtender wird er beworben.
Billig, bunt, bedrohlich.

Als konkretes Beispiel angeln wir uns nur einen einzigen Artikel aus der letztwochenendlichen Werbebotschaft heraus:

Nehmen wir das Beispiel „Bettwäsche".

Das Lidl-Angebot, farbenfroh aufgemacht:
Rosa/blau/weiß Karo-Wendebettwäsche Größe 135 x 200 cm bestehend aus 1 Kissen 80 x 80 cm und einem Deckenbezug 135 x 200 cm, für nur 9,99 €.

Die gleiche Abbildung mit gleichen Größenangaben leuchteten genauso aufgemotzt aus der Werbung von Norma. Hier war ein „nur Preis" von 19,99 € abgedruckt.

Und noch einmal das gleiche Angebot war bei Woolworth zu finden. Dieses Mal weinrot/blassblau/weiß kariert. Zum Superpreis von sage und staune 8,99 € das Set.

Der Witz an der Sache ist der, dass jeder dieser Discounter dieses ein und dasselbe Angebot mit „ exklusiv bei uns" und „nur für kurze Zeit" präsentiert.

Ihr Götter!
Wie dumm muss die Menschheit sein um darauf hereinzufallen.

Münzen wir also den Werbevergleich auf unser Vorhaben, nämlich eine hochpreisige, wertvolle, mit unaufhörlicher Liebe und Engagement aufgebautes Eigenheim, an den Käufer zu bringen, um.

Ein glänzender Verkäufer glänzt nicht mit einem Sonderangebot.

Ihre Immobilie ist kein Sonderangebot !

Meine Güte, welch reizendes Blütenfest lässt sich da feiern:
Da stand am letzten Jahresende ein Immobilienangebot mit fettem Rand und in leuchtender Farbe in der hiesigen Tageszeitung abgedruckt, das las sich so:

„Weihnachtsschnäppchen"
3-Zimmer-Wohnung, allerbeste Lage, top Ausstattung, Garage, Stellplatz, Keller, 290.000 €
Für Schnellentschlossene 280.000 €

Wie denken sie über dieses Inserat?

Noch ein Beispiel:

"Frühjahrs-Angebot"
jetzt zugreifen, bevor es ein anderer tut. Kleines Haus mit großem Grundstück, jede Menge Möglichkeiten für kreative Gartengestaltung, Top Preis: 400.000 €

Bitte nehmen se es mir nicht übel. Ich sage nicht solch ein Anzeigenauftraggeber wäre ein kleines Dummerchen, ich halte ihn lediglich für einen Verkaufs-Idioten.

Man male sich das Bild noch vollends aus, stünde da noch dabei „nur solange Vorrat reicht".

Es dürfte ausdrücklich klar geworden sein. Sie verkaufen etwas Wertvolles, etwas mit viel Wert. Also deklarieren wir es auch dementsprechend.

Der Möglichkeiten, vernünftige einträgliche Werbung für eine Immobilie zu machen, gibt es mehrere. Bitte gestatten sie mir die wichtigsten genauer in Augenschein zu nehmen.
Es sind da zu nennen:

- ➢ Expose des Verkaufsangebots
- ➢ Fotos vom Objekt
- ➢ Zeitungsanzeigen
- ➢ Internetwerbung
- ➢ Mund - Werbung (Qasseltanten-Strategie)

Was ist bei den einzelnen Werbearten zu bedenken?
Welche Werbeart bietet die meisten Vorteile?
Wieviel darf der Werbeaufwand kosten?

Beschreiten wir das Thema der Reihe nach:

5.1 Das Exposé uns seine Wichtigkeit

Fachleute, also Immobilienmakler, erstellen selbstverständlich Exposes. Herrlich bunte, wohlriechende, verlockende Exposes mit wunderschönen Fotos. Mit schmeichelndem Text über jede Lage, sei sie auch noch so bescheiden. Mit verbalen überschwänglichen Lobpreisungen was das Gebäude selbst anbelangt. Mit Hinweisen über eine allerliebste Nachbarschaft und gekonnt gezoomten Postkartenpanorama.

Ja, ich selbst erstellte während meiner aktiven Maklertätigkeit natürlich auch anschauliche virtuelle Exposes für meine Kunden. Ich erhhob für mich allerdings den Anspruch, ein reelles Bild im Käuferkopf zu entwerfen. Eine reale Vorstellung, nicht ein Wunschbild einer schön gefärbten Ikone. Es kommt ja doch heraus. Spätestens bei der Besichtigung. Und, ich frage mich, was ist dann gewonnen? Der Kunde erwartet eine Wundertüte und erlebt bei der Besichtigung eine Niete. Er bekommt ein Sack voller Haken präsentiert anstatt ein Objekt das seinen Vorstellungen entspricht.

Wo liegt hier der Gewinn? Frage ich mich.

Es war vergebens investierte Zeit. Meine, die des Kunden und die des Verkäufers sofern er ebenfalls vor Ort bei der Besichtigung anwesend war.

Fachleute machen Exposes. Dagegen ist nichts zu sagen. Solange ein wahrheitsgetreues Bild geschaffen wird.

Fachleute haben für die Erstellung eines Exposes spezielle Software, die es ihnen erheblich erleichtert solche Werbemittel zu erstellen. Dazu kommt, dass Vermittler verpflichtet sind, ihr Angebot mit der Provisionsinformation zu deklarieren. Was in einem schriftlichen Expose geschickt eingebunden wird.

Als Privatverkäufer ohne entsprechende technische Einrichtung und praktischer Vorbildung ist die Exposeerstellung, mit Verlaub, als kreative für einen erfolgreichen Verkauf unnötige Freizeitgestaltung anzusehen. Im Klartext: Wer es mag soll es machen, als wirklich ausschlaggebend für einen Verkaufserfolg bleiben andere Aktionen zu nennen. Verschwenden sie ihr Gehhirnschmalz lieber an anderer Stelle.

Empfehlenswert und weit einträglicher ist die Bereitlegung diverser technischer Daten zum Objekt:

Das sind: DIN-Wohnflächenzahl, Grundstücksgröße lt. Grundbuch, Zimmeranzahl, Garagenanzahl, Anzahl der eigenen Stellplätze im Freien, wer ist die Hausverwaltung, Höhe des Hausgeldes, Summe der angesparten Rücklagen (Wohnung betreffend), geplante und von der Eigentümergemeinschaft beschlossene Renovierungen, z.B.

Heizungserneuerung, Dachsanierung etc. (Wohnungen betreffend). Und ganz wichtig und zwingende Vorschrift die Kennzahlen des Energiewertes (seit 2015).

Diese Informationen auf ein Blatt Papier aufgelistet, kopiert, und für Interessenten immer griffbereit ist mehr Wert als das mühevolle Comupterexpose mit schillerndem Foto der gemütlichen holzfarbenen Wohnzimmereinrichtung mit Butzenglas-Buffet und rotbuntem Fransenteppich.

Und noch ein Gold-Tipp. Er möge sich gebetsmühlenhaft ins Gedächtnis bohren. Wir werden in „Kapitel 6, die Aktion an sich", erneut von ihm hören:

Geben Sie nie nicht Original-Unterlagen heraus.
An Keinen!
Niemals!

Außer die unsäglich attraktive Blondine beim Amt wartet auf ihren erneuten Besuch und sie spendieren dem Amt gerne ein weiteres Mal zünftiges Kleingeld für ein paar Kopien.

5.2 Das Thema "Bilder vom Verkaufsobjekt"

Nun ja, blitzende Fotos vom eigenen schnuckeligen Heim, wer liebt das nicht? Frage ich. Stellen derartige Bilder im herrlichsten verklärten Sonnenlicht aufgenommen doch den eigenen persönlichen exklusiv emotionalen exzellenten Wohngeschmack bestens zur Schau. Gerade sind wir allerdings dabei, eben dieses hübsche Wohndomizil an den Käufer bringen zu wollen.

Bei Fotos frage man sich vor dem Knipser folgendes:

Will ich meine Wohnung, mein Haus verkaufen oder meine Einrichtung? Meine gepflegte Sitzecke? Mein höchstschreinerlich gezimmerter Tisch? Meinen Designer-Stuhl? Mein teures Sofa? Gelegentlich sieht man sogar die Dame des Hauses freundlich lächelnd abgebildet.

Wundern sie sich bitte nicht, wenn dynamische Single-Herren mit charmantem Rosenblick und rosa Orchideen in der Hand demnächst bei ihnen zur Besichtigung Schlange stehen.

Also nochmal: Was will ich verkaufen?

Seien sie so gut. Bannen sie ausschließlich das aufs Bild was Sie tatsächlich los werden wollen.

Wenn Sie mögen, legen Sie ein paar solcher Fotos bereit. Es eignen sich Bilder von Speziellem, von außergewöhnlichen Konstruktionen meinetwegen, vom besonders auffällig geformten Kachelofen, vom Intarsien verzierten Einbauschrank der mit verkauft wird und im Kaufpreis enthalten ist.

Ernsthafte Kaufinteressenten machen sich ihr eigenes Bild vom Verkaufsobjekt. Wenn sie, als Verkäufer, bei der Besichtigung klug vorgehen, dann brennt sich diese Vorstellung originalgetreu in deren Bildkino ein.

Was kann man sich mehr wünschen?

Fazit: Fotos sind unter Beiwerk anzusiedeln. Entscheidend für einen glücklichen Verkauf sind andere Feinheiten. Ja, es besteht sogar mitunter die Gefahr, dass genau das Gegenteil, nämlich Abstoßung wegen optischem Nichtgefallen einer Abbildung, mit der Bildmethode erreicht wird.

Aber, was ist denn nun das Wichtigste an der Sache?

5.3 Die richtige Werbung macht`s

Spucken wir es endlich aus. Die Werbung machts. Die Art und Weise, wie und wo sie ihr Verkaufsobjekt anpreisen ist ein entscheidender Punkt was die Anzahl der ernsthaften Interessenten beeinflusst. Dazu gesellt sich die Rechnung, die sie als Sparfuchs aufmachen werden, wenn es um die Werbung geht.

Dem zufolge heißt das Motto:
Höchster Werbeerfolg zum günstigsten Preis.

Zunächst zum Inseratstext:

Führen wir uns einige konkrete Beispiele zu Gemüte und testen wir deren Wirkung:

Anzeige 1
Musterstadt: Große Wohnung zum günstigen Preis zu verkaufen. Mit Einbauküche, Garage, Keller, VB 280.000 € (VB=Verhandlungsbasis)

Anzeige 2
Musterstadt: 3-Zimmer-Wohnung, 87 qm Wohnfläche, moderne Einbauküche, Garage, Keller, VB 280.000 € (VB=Verhandlungsbasis)

Anzeige 3
Musterstadt: TOP 3-Zimmer-Wohnung, 87 qm Wohnfläche, moderne Einbauküche mit

Elektrogeräten, Einzelgarage, ca. 20 qm Kellerraum, Zentrum, VB 280.000 € (VB=Verhandlungsbasis)

<u>Anzeige 4</u>
Musterstadt: Attraktiv geschnittene 3-Zimmer-Wohnung, Baujahr 2005, 87 qm Wohnfläche, 3. Obergeschoß mit Lift, Südbalkon, moderne Einbauküche mit Elektrogeräten, abschließbare Einzelgarage, ca. 20 qm Kellerraum, ruhige zentrale Lage 280.000 €, EVKW 120 kWh.

Welche Anzeige macht se neugierig?
Welche Anzeige zimmert in ihrem Kopf ein Bild der Wohnung?
Welche Anzeige vermittelt ihnen eine positive Wertvorstellung?

Was denken sie?
Welche Käuferschicht meldet sich auf welches Inserat?

Vor der möglichen Antwort hören sie bitte meine Frage: Was für einen Käufer suchen sie? Welche Eigenschaften soll ihr Wunschkäufer besitzen? Passt ihr Objekt für eine Familie, einen Single, einen Opa mit Gehbehinderung?

Ich begebe mich jetzt gleich unter meinen Tisch, wenn sie mir offerieren „Geld muss er mitbringen". Ja, ja Spaß muss sein. Aber ernst jetzt. Was ich versuche zu erklären ist, dass sie auf eines Gift nehmen können.

Je nach Aussagekraft und Art ihrer Anzeige wird sich ein ganz bestimmtes Käuferklientel angesprochen fühlen. Also was liegt näher als vorab die gewünschte Richtung anzupeilen.

Es lohnt sich ein Kartönchen Gedanken in den Anzeigentext zu investieren. Schließlich kostet das Inserat Geld – ihr Geld.
Also nochmal: Höchster Werbeerfolg zum günstigsten Preis, wird angepeilt.

Wenn sie vorige Musteranzeigen genauer studieren, stellen sie beim Preis der 4. Anzeige fest, dass der Hinweis „VB" ersatzlos verloren gegangen scheint. Gut so! Mit dem Zusatz „VB" also „Verhandlungsbasis" unternehmen sie den wohl kühnsten Versuch Kaufinteressenten aufzufordern mit ihnen in heißeste Preisverhandlungen zu treten. Sogar der gutmütigste unter den gutmütigen Kaufinteressenten wird mit dem Zusatz „VB" aufgefordert um den Preis zu buhlen. Sämtliche schlafende Hunde werden durch diesen Hinweis hellwach und fletschen erfreulich mit den Zähnen um vom Verdienstkuchen ihren Teil abzuschneiden.

Ich selbst schwitze Blut und Wasser, wenn mir meine Verkäuferkunden mit dem Angebot „VB" kommen.

Wie um Dreifaltigkeitswillen soll ich da einen höchst möglichsten Verkaufspreis erlösen, wenn ich Kunden zu allererst, bereits vor einer Besichtigung, auffordere am Preis zu schrauben.

Wieso dann der schweißtreibende vorangegangene Preisberechnungs-Akt aus Kapitel 4, der Preisfindung? Wofür denn? Wenn sie jetzt schnurgerade den Kunden eine Preisreduzierung förmlich in den Mund legen?

Es sei also einmal laut und deutlich proklamiert:

Ein gelungener, überdachter, konkreter schnittkantiger Werbeauftritt garantiert den halben Verkaufserfolg.

Ich höre Sie in mein Ohr flüstern. Ja wo soll ich denn nun diese gekonnt ausgeklügelte Werbeschrift platzieren?

5.3.1 Ist Zeitungswerbung noch attraktiv ?

Ich möchte hier wie angekündigt lediglich ein paar Möglichkeiten anreißen. Zeitungswerbung und Internetwerbung.

Beleuchten wir die Vorteile der Zeitungswerbung:

Eine Verkaufsanzeige in der örtlichen Tages- oder Wochenzeitung unter der Rubrik Immobilienangebote, ist auch wenn Fachleute vermehrt aufs moderne Internet setzen, nach wie vor, eine Top-Möglichkeit gezielt, wirksam und portemonnaiefreundlich zu agieren.

Es sei mir erlaubt nochmal auf die Textung als solches hinzuweisen. Es ist nun einmal so, dass eine Anzeige wie:
Musterstadt: Große Wohnung zum günstigen Preis zu verkaufen, VB 280.000€
ihr Geld im wahrsten Sinne des Wortes nicht wert ist.

Qualität findet Qualität! Ich meine, sparen am falschen Platze ist töricht und ihrer nicht würdig.

Preisvergleiche verschiedener Zeitungsanbieter schonen ihren Geldsäckel unter Umständen erheblich bei gleicher Werbewirkung. Es tummeln sich genügend Zeitungsverleger, die Privatwerbern Werbeblocks zu erstaunlich günstigen Preisen anbieten. Mit Werbeblocks meine ich Anzeigenschaltungen zum Beispiel in drei aufeinanderfolgenden Zeitungsausgaben. Die Größe des Inserats beeinflusst die Kosten, unter Umständen der Erscheinungstag bzw. die Erscheinungstage, die Auflagenanzahl des Verteilerkreises. Man könnte alleine was Zeitungswerbung anbelangt eine wissenschaftliche Studie erheben, so diffizil präsentiert sich der Zeitungswald.

Ein spezieller Tipp ist demnach äußerst riskant.

In der hiesigen Region genießen Wochenblätter, also Zeitungen, die einmal wöchentlich, regional erscheinen einen hohen Stellenwert für Immobiliensuchende. Diese Zeitungen werden kostenlos an alle Haushalte verteilt, tragen sich am Rande bemerkt über gewerbliche Anzeigen, und haben den Vorteil, dass Objektsuchende die selbst keine Zeitung kaufen oder abonnieren entsprechende Angebote verfolgen. Wobei verschiedene regionale Tageszeitungen immer mehr auf Immobilienportale an bestimmten Wochentagen setzen und wie es scheint erstaunliche Aufmerksamkeit damit verbuchen.

Ich lasse mich gerne am Ärmel zwicken, wenn der nachstehende Tipp unnötig wäre. Es handelt sich um den ausdrücklichen Hinweis, dass unbedingt darauf geachtet werde, am Ende des Inserats eine

Kontaktadresse beizufügen. Ob man sich für eine Telefonadresse, eine Mailadresse oder Chiffre entscheidet, sei jedem nach Belieben abgetreten. Ich würde eine Hand ins Feuer legen, dass sich derjenige selbst ins Fleisch schneidet, der eine Telefonnummer angibt, unter dieser er dann nie erreichbar ist oder eine Mailadresse abdruckt dessen Postfach jahrelang auf seine Öffnung wartet.

Der Entschluss über Chiffre seine Kontakte zu sammeln bietet, soviel dürfte klar sein, den Vorteil einer ruhigen leicht zu koordinierenden Abhandlung der Anfragen zum gewünschten Zeitpunkt ohne Fremdsteuerung.

5.3.2 Internetwerbung – modern und riskant

Noch ein Wort zur bunten Internetwerbung. Immobilienportale wie Immoscout 24 oder Immowelt bewerfen sich öffentlich mit Größenattributen der Superlative. Tatsache mag sein, dass alle auch Immoscout und Immowelt nur mit Wasser kochen.

Eine außergewöhnliche Entwicklung, verfolgt man die Internetwerbung in entsprechenden Portalen, bahnt sich insofern an, dass mehrfach gleiche Objekte in einer besorgniserregenden Anzahl, gelegentlich mit zwiespältiger Bilderauswahl, häufig mit unterschiedlichen Detailinformationen, dargeboten werden. Dazu finden sich auffallender Weise ausnahmslos „Superobjekte" in den Internet-Immoportalen. Angebote die bei genauerem Hinsehen sich über einen durchschnittlichen Qualitätsstandard selten erheben. Die berühmt berüchtigten zweckfremden Veröffentlichungen in besagten Portalen sollen hier nicht nähere Beachtung finden.

Das Netz macht es möglich.

Man könnte behaupten, die Objektbewerbung im Internet ist auf gutem Wege gründlich aus dem Ruder zu laufen. Das Netz bietet unsäglich viele Missbrauchsmöglichkeiten. Kein Wunder also, dass in zunehmendem Maße gewerblich agierende

Vermittler häufig wieder auf bodenständige Zeitungswerbung setzen und damit nennenswerte Anfragezahlen erzielen. Das kann ich aus meiner Erfahrung heraus nur bestätigen.

Internetwerbung kurzzeitig und unter akribischer, ständiger Kontrolle eingesetzt bietet eine bunte, moderne Werbemöglichkeit mit überregionaler Verbreitung. Es gilt abzuwägen welche Werbemöglichkeit für welches Objekt die einträglichere Variante ist.

Wer denkt, sein Objekt einmal im Internetportal veröffentlicht werde ohne weiteres Zutun von Anfragen unaufhörlich überhäuft, verfolgt schlechthin eine vermeintlich falsche Spur. **Objektwerbung im Netz verlangt eine ständige, aktive, durchgängige Pflege des Präsenzauftritts**, die dem Laien gelegentlich schwer von der Hand gehen dürfte.

Dazu könnte eine äußerst interessante Rentabilitätsrechnung erstellt werden. Abgesehen von riesigen Preisdifferenzen für einen solchen Internetauftritt in einer der Immobilienplattformen, verhält sich die Preis-Leistung in bescheidenem Rahmen.

Meine eigene Erfahrung mit Internetwerbung ließe sich wie folgt umschreiben:

Immobilienportale bieten eine hohe Glanzfassade zu entsprechendem Preis bei erhöhtem Missbrauchspotential und damit unter gewissen Umständen Verkaufspreisschädigender Folgewirkung.

Entscheiden sie jedoch selbst.

Ich für mich bin zur Erkenntnis gelangt, dass meine Verkaufserfolge mit einfacher, gezielter und klarer Zeitungswerbung, ohne Kinkerlitzchen, mit schnittkantiger Preisangabe in Summe die schnellsten, entspanntesten, zufriedenstellendsten Ergebnisse brachten.

Bevor nun sie aktiv in den Verkauf starten, brennt mir eine Information noch gehörig unter den Nägeln. Ich will sie gerne vor Unheil bewahren, deshalb sei eindringlich nachfolgendes erwähnt.

Eine hochpreisige Immobilie lässt sich wunderbar hochpreisig verkaufen, wenn die Immobilie einen Raritätenruf für sich in Anspruch nimmt.

Genauer gesagt: Weniger ist Mehr!

Ich erlebte des Öfteren dass sich Verkäufer eines gefährlichen Irrglaubens hingeben. Dem Irrglauben, der da heißt:

Je breiter die Werbeaktion desto schneller der gewünschte Verkaufserfolg.

Ein solches Vorgehen, eventuell zusätzlich gekoppelt mit oberflächlichen Verkaufsaufträgen an mehrere gewerbliche Vermittler – ist die Königsklasse der gezielten Preisvernichtung.

Dies ist die sicherste Reise in den kontinuierlichen Preisverfall der Immobilie.

Ich belüge sie nicht, wenn ich sage, ich habe Verkaufsobjekte kennengelernt, schöne wunderbare Häuser in hervorragenden Lagen, mit bester Bauqualität und Topausstattung, die sich nicht mehr verkaufen ließen, nur weil diese Objekte derart massiv breit und unterschiedlich beworben wurden, dass sogar der Kaufinteressent aus der hintersten Reihe auf den Gedanken kam „hier stimmt etwas nicht".

Das absolute KO-Kriterium ist, wenn für ein und dasselbe Objekt für jeden Laien ersichtlich unterschiedliche Verkaufspreise kursieren, mit unterschiedlichen Flächenangaben, von mehreren Maklern und zusätzlich vom Eigentümer selbst. Toter kann man ein Objekt nicht kriegen.

Bitte bewahren Sie ihr Verkaufsobjekt davor. Es ist einfach zu schade für einen derartig unwürdigen Niedergang.

Und dazu noch ein super heißer TIPP: Werden sie von einem gewerbsmäßigen Vermittler besucht, kontrollieren sie was dieser tut. Schneller wie eine ICE-Reise von Ulm nach Augsburg finden sie ein Wohnzimmerfoto ihres Verkaufsobjektes im Internet. Auch wenn sie dem Vermittler nur die Hand zum Gruße reichten.

Und nun noch zu einer ganz besonders intelligenten, ausgesprochen beflügelnden Möglichkeit, wie sie ihre Werbe-Schäfchen sogar völlig kostenlos ins Trockene bringen.

Die Schlaumeier-Werbe-Variante.

Sie dürfte ihr Interesse sprunghaft aufmöbeln, ihre farbenfrohe Verkäuferfantasie in eine glückliche Ekstase versetzen.

5.3.3 Die Quasseltanten-Strategie

Diese Variante überholt die modernste Internetverbindung. Kostet ein freundliches ungefährliches Lächeln und wirkt garantiert!

Das Zauberwort heißt: Werben lassen.

Gehört ihre Nachbarin zufällig zur Gattung der Allesquasseler? Das trifft sich gut. Auch wenn sie der Dame üblicherweise eher aus dem Wege gehen, weil sie aktuelle Ortsinfos über die Tageszeitung aufspüren. Trotzdem ist es eine teure Überlegung wert, diese kontaktfreudige Person mit in ihre sonstige Werbemaßnahmen zu integrieren.

Meine Garantie haben sie. Es klappt.

Es gibt ja so herrliche zweibeinige Werbeträger. Einfach wundervoll, faszinierend, überzeugend.

Es gäbe ein ganzes Buch damit zu füllen.

Einmal eine wohldosierte Infospritze gesetzt läuft die Untergrund-Kommunikation wie am Schnürchen.

Vielleicht ließe sich durch den Einsatz mehrerer ausgesuchter „verdeckter Werbeträger" eine immense flächendeckende Vervielfältigung, also eine enorme Werbe-Maximierung produzieren. Man denke in aller Ruhe darüber nach.

Diese Werbung ist kostenlos wohlgemerkt!
Völlig kostenfrei und entwickelt sich im Handumdrehen in einen Selbstläufer.

Der Trick dabei zeichnet sich dadurch aus, dass gezielt platzierte Infos über die bevorstehende Verkaufsabsicht, mit genauestens zugeteilten Detailangaben, an geeignete Personen „gestreut" werden.

Die Betonung liegt auf „platzierte Infos".

Sie werden begeistert sein, wie ihre persönliche Kunde die Runde macht. Einfach genial.

Wichtig ist: Die Verkaufsinformation erreicht die ausgesuchte Datenträgerin oder den ausgesuchten Datenträger quasi als Geheimtipp. Als Insider-Information (am Besten unter vorgehaltener Hand „nur für sie/ihn bestimmt"), im Rahmen einer lapidaren Unterhaltung. Eingeflochten in andere Alltagsfloskeleien.

Man achte strikt darauf, ausschließlich werbereife Details zum Verkaufsvorhaben zu präsentieren. Man gebe unbedingt lediglich ein Sahnehäubchen vom gesamten Kontingent der Objektdaten frei.

Man plaudere zum Beispiel die Anzahl der Zimmer aus. Gut macht sich stets die Nebenbei-Bemerkung „wie wohl man sich hier doch gefühlt habe" oder „welch herrliche Sonnenuntergangsstimmungen der Balkon allabentlich biete", „ wie betrübt man sei, dieses behagliche Wohndomizil verlassen zu müssen", welche Werbeaktivitäten demnächst gestartet werden", oder dass die ausgewählte Werbeträgerin (sofern sie wirklich die Nachbarin ist) demnächst „ den erhöhten Besucherstrom, wegen Besichtigungsterminen, entschuldigen möge". Mutige trauen sich noch weiter vor. Sie erzählen frisch und frei dem ausgesuchten „Kommunikationsgenie", dass sie großen Wert auf einen ordentlichen Käufer legen, der in die Hausgemeinschaft passt. Diese Bemerkung setzt sich unversehens im hintersten Nervenzipfel fest, sofern der oder die „Auserwählte" im gleichen Hause wohnt.

Ihrer Kreativität seien enorme Freiheiten gewährt. Maßgeblich ist die Auswahl der „Werbeträger" in Kombination mit der „ vertraulichen Detailinformation".

Und schon läuft die Schose.

Dem Automatismus dieser Werbeart möge eine schillernde Siegesurkunde überreicht werden.
Ich habe nicht nur einmal erlebt, wie diese simple Werbestrategie bombenmäßig einschlug.

Die einzige kleine Gefahr besteht darin, dass sie zuviel Informationen vorab preisgeben. Also halte man sich dezent zurück, was persönliches oder zu Aufschlussreiches das Objekt betreffend ausgeplaudert wird. Man bedenke: Bei dieser Werbeart – sind andere die Herren des Verfahrens. Schneller als die Feuerwehr erlaubt entwickelt sich eine unerquickliche Eigendynamik mit Tratschpotential.

Die Freiluft-Quasseltanten-Strategie wirkt in der Regel besser noch wie die verwandte Variante der „Zettelverteilung im nahen Umkreis des zu verkaufenden Objektes". Wobei ich bereits eine weitere attraktive, geldbeutelschonende Werbemöglichkeit anspreche.

Sie sehen, das direkte Umfeld des Verkaufsobjektes zeigt enormes Werbepotential auf. Es wartet nur darauf, ausgeschöpft zu werden. Dabei ist es Superwerbung zum fast Null-Tarif. Was will man mehr?

Es gäbe sicher noch einige reizvolle Ideen ein Eigenheim sinnvoll mit stimmigem Preis/Leistungsverhältnis zu bewerben. Lassen wir es aber nun dabei und wenden uns der nicht weniger interessanten eigentlichen Verkaufsaktion zu.

Vermutlich brennen sie bereits darauf. Habe ich recht?

Gleich geht es also los.

Gönnen wir uns noch eine kurze Zusammenfassung zur Sicherheit:

Es liegen bereit:

➢ Ein Ordner mit Originalunterlagen – zunächst ausschließlich für sie und für eine vor Ort Einsichtnahme interessierter Kunden (auf keinen Fall, auch nicht kurzzeitig, für eine Übergabe an irgendjemand außer Haus!)

➢ Die vorbereiteten Kopien wichtiger Objektdaten für interessierte Kunden zum mitnehmen

➢ Ein paar Fotos von Objektdetails als bebildertes Beiwerk für aktive Verkaufsgespräche

➢ Die erstellte Werbeanzeige als Ausdruck zu ihrer Verhandlungssicherheit.

6 Die Verkaufsaktion im Detail

Ich hatte eingangs bereits versprochen, dass wir noch bereden wollen, wie sie ihre Schultern entlasten bei unangenehmen Fragen der Käuferschar.

Widmen wir uns jetzt der Verkaufs-Aktion direkt.

Die Verkaufs-Aktion an sich, gerne Besichtigung genannt, beherbergt einen geradezu unerschöpflichen Überraschungsfundus. Der Lagerbestand an komischen Szenen könnte die Ladekapazität einer Transall an die Grenzen bringen. Die knallige Bühnenlandschaft der Skurrilität erblickt bei Besichtigungsterminen regelmäßig das heiter strahlend helle Tageslicht.

Dabei ist auffallend, dass Besichtigungen häufig gerne mit dem blassgelben Charme eines Kaffeekränzchens illustriert werden. Hinreißend oft umschrieben mit den Worten „ Wir gehen anschauen".

Spüren sie es was ich ihnen näher bringen möchte?

Dieses zarte Pflänzchen „anschauen gehen" überströmt mich von dem gleichen wohligen Gefühl, das mich ergreift, wenn ich liebe Freunde besuche. Ein Besuchsgefühl.

Gleichzeitig trappiert der Verkäufer seinerseits sein Verkaufsobjekt mit den üppigsten Blumensträußen, den teuersten, selbstverständlich Ton in Ton ausgesuchten aktuellsten, dominantesten Dekorationen, die er finden konnte. Gerade so als ob demnächst der Obama zu Besuch käme.

Aber rollen wir den Roten Teppich vor der Eingangstüre aus, und beschreiten wieder ganz ernst unser Verkaufsthema.

Eine Besichtigung, jede Besichtigung – ist ein potentieller Verkaufstermin! Nichts anderes.

Aus dem Blickwinkel eines Fachmanns, und diese Weisheit dürfen sie gerne tief inhalieren, sind Besichtigungstermine ernstzunehmende Geschäftstermine. Geschäftstermine die einen Geschäftsmann aufs erfreulichste erquicken. Hier kommt der Rubel ins Rollen. Das ist der Ort des Geschehens. Hier bittet der Trainer zum Tanz.

Was wäre die heißeste Boygroup ohne Damenpublikum? Der preisgekrönteste „Heinz Erhard Film" ohne Zuschauer?

Das Geschäftliche sei demnach in den Vordergrund gerückt. Was selbstverständlich nicht heißen soll, dass ein Besichtigungstermin einen Auftritt verlangt, der dem des berühmten kriegserfahrenen

Generalfeldmarschall Rommel gleichkommt. Freundlichkeit besticht immer und gehört einfach zum guten Ton.

Es sei einfach festgehalten: Man trifft sich hier wegen eines Geschäftes – nicht aus Langeweile, nicht als Anlass eines Freundschaftsbesuches oder zum gemütlichen Kaffeeplausch.

In meinem Alltag stufe ich Besichtigungstermine seit jeher als spannende TOP-Termine ein. Besichtigungstermine sind „Verkaufstermine". Termine die ich plane um zu verkaufen.

Nicht um mich zu unterhalten. Nicht um wieder einmal unter Leute zu kommen. Nicht um Kakao zu trinken, auch nicht den allerbesten. Nicht um mir einen gemütlichen Nachmittag zu gönnen.

Besichtigungtermine sind Verkaufstermine!

Nicht mehr und nicht weniger.

Was ich ihnen eindringlich verdeutlichen will, es sei mir erlaubt, ist die Tatsache, dass 90 % aller Besichtigungstermine ohne jegliche brauchbare Kaufinformation, ohne irgendeinen verwertbaren Anhaltspunkt für den Verkäufer, stattfinden. Speziell private Verkäufer neigen ernsthaft dazu in die niedliche Besucherniesche zu verfallen.

Unabhängige Experten haben bemerkenswerterweise klipp und klar diese Tatsache ebenfalls etabliert.

Nicht dass vermutet wird, Fachleute beenden jede Besichtigung, also jeden Verkaufstermin mit einem Treffer. Einem Verkauf des Objekts. Das wäre eine ungehörige ungeheuerliche Behauptung. Nein. Es will lediglich unterstreichen, dass Fachleute im Verkaufsgespräch, anhand geübter Vorgehensweisen auch ohne direkten Verkaufserfolg überaus wichtige Informationen heraus kitzeln. Fachleute kommen bei Besichtigungen nicht zu Besuch bei guten Freunden. Fachleute beschränken eine Objektbesichtigung auf ein Verkaufsgespräch. Einen Termin für einen möglichen Verkaufserfolg. Das natürliche Ansinnen eines Fachmanns lautet demnach: Seine Arbeitsweise, die Vorgehensweise so zu optimieren, dass mit möglichst wenig Terminaufwand ein Höchstmaß an Erfolg erreicht wird.

Es ist keine Schande es beim Wort zu nennen, Privatverkäufer sind standartmäßig uneffiziente Verkaufspersonen. Woher wollen sie es auch wissen? Also noch einmal, nicht dass sie mir nun ungesonnen sind: Es soll nicht negativ rüberkommen.

Es geht darum ihren Verkaufserfolg effizienter durchzuführen, wie sie es bisher, ohne dieses Buch, vielleicht angegangen wären.

Bitte sehen sie es positiv. Es lohnt sich für sie selbst, für ihre Familie, für ihre Zeit und für die Zeit der Käuferschar, die demnächst bei ihnen aufschlägt ebenso.

Ich will an dieser Stelle etwas verraten. Ich, als Frau, als Immobilienmaklerin, habe genau an diesem Punkt lange geübt, bis ich meinem Anspruch auf Effizienz gerecht werden konnte. Am Ende war ich in der Lage Besichtigungstermine, also meine Verkaufstermine derart vorzubereiten, dass ich auf einen Treffer nach durchschnittlich 5 – 8 Terminen kam. Als Vergleich soll ihnen nicht vorenthalten sein, dass in meinen Anfangszeiten diese durchschnittliche Erfolgszahl bei 28 Terminen lag. Zu Deutsch: Es kamen 28 Besichtigungstermine auf 1 Verkaufserfolg.

Bemerken sie den ungeheuerlichen Effizienzgewinn? Ist dies nicht interessant?

Nun wird es nicht ihr größtes Anliegen sein, der effizienteste Privatverkäufer aller Zeiten zu werden. Ist auch überhaupt nicht notwendig. Es geht nur darum, ihnen eine kleine Erleichterung anzubieten. Wie, wann und in welchem Ausmaß sie diese Erleichterung für sich in Anspruch nehmen möchten, sei alleine ihnen überlassen.
Lassen sie mich die Besichtigung in zwei Abschnitte unterteilen:

> Die Besichtigungsplanung
> Die Besichtigungsdurchführung

Beginnen wir mit ersterem, der Planung.

6.1 Grundstein der Effizienz - die Planung

Gute Planung ist die „halbe Miete".

Zumindest die Erkenntnis, dass ein vorhersehbares Chaos ausgeschlossen bleibt lässt sich als positiven Gewinn ausmachen.

Das inoffizielle Schiedsgericht des Wirtschaftsmanagements mag hochgestochene Planungsvorschläge gut heißen. Für mich als Praxismensch liebe ich die Formel:
Einfach – Schnell – Sicher.

Schauen wir uns meine Planungsweise genauer an:

Einfach: Die Einfachheit meiner Planung beginnt mit einem Blankoformular, das mir die Eintragung von bestimmten „Kundeninformationen" erlaubt. Ich nenne es „Kontaktformular". Es stehen da im Kopf des Blattes fein säuberlich aufgeräumt zum späteren ausfüllen angeordnet: Telefon-Nr., Datum, Name des Kaufinteressenten, Anschrift desselben, Email-Adresse. Der Rest des Blattes bleibt leer. Hier trage ich erfahrene Informationen ein.
Wo und wann ich besagte Informationen erfahre, dazu später.

Schnell: Meine Schnelligkeit nennt sich „Gewehr bei Fuß". Übersetzt heißt das: Den „Einfach" Zettel immer bei der Hand und Eintragungen laufend durchgeführt.

Diese Vorgehensweise mag altertümlich angehaucht erscheinen. Sie mag nicht am Puls der Zeit liegen, dennoch schwöre ich darauf. Das einzige Instrument das ich dafür brauche ist ein Stift in der Hosentasche. Ich brauche weder Strom, noch Internetverbindung. Genauso wenig bin ich durch Tausendknöpfchen bedienen vom Thema abgelenkt.

Trauen wir uns einfach auf dem Boden der Tatsachen zu bleiben, wenn wir behaupten, dass ein Bogen vorbereitetes Papier in Verbindung mit einem griffbereiten Schreibgerät jeden Geschwindigkeitstest auf einfachste unkomplizierteste Weise siegreich bezwingen mag.

Sicher: Jede relevante Info, jede Meldung, jeder Wunsch, oder sonst etwas, trage ich sofort auf meinem „Einfach" Begleiter ein.

Übrigens: Meine Kontaktformulare, und das ist kein schlechter Tipp, fertigte ich auf leuchtend farbigem Papier. Was mir schon manche Suchaktion erspart hat.

Um es abzukürzen. Ich erstellte eine Art „Laufzettel" für jeden Kaufinteressenten der sich auftut. Für jeden.

Im Laufe meiner Verkaufsaktivitäten füllt sich meine Sammlung an Kundendaten. Einfach, schnell und sicher verwalte ich alle Informationen von Kaufinteressenten, das Verkaufsobjektes betreffend, mit denen ich in Kontakt stand.

Der geneigte Leser erkennt meine Absicht. Dieser easy Zettel ermöglicht mir eine komfortable mustergültige Interessenten-Buchführung. Total simpel.

Um es auf den Punkt zu bringen: Ich schätze es einfach, nächste Woche noch genauestens zu wissen welcher hochinteressierte Interessent vorletzte Woche mir seine Story vom Pferd aufgebunden hat.

Nun.
Inzwischen dürften die unternommenen Werbemaßnahmen in vollem Umfang greifen und das Bombardement der Anfragen sollte bereits auf ihr Haupt niederprasseln.

Je nachdem, für welche Werbeart sie sich entschieden haben, wird der Telefonapparat heiß laufen oder Emails am laufenden Band eintreffen. Oder beides.

Sie fragen, wie der Berg an Anfragen optimal bearbeitet wird? Es gibt vermutlich gleich viele

Möglichkeiten es anzugehen wie es Menschen gibt. Jeder ist seines Glückes eigener Schmied.

Ich verrate hier, das Geheimnis wie ein Fachmann aus der Überschwemmung der Anfragen seinen Erfolgsstrom erwachsen lässt.

Dazu ist gut zu wissen, dass zunächst überspitzt gesagt (vor allem bei einer Verknappung an Immobilien insgesamt) Hunz und Kunz sich für das Objekt interessieren.

Ich denke, ich gehe richtig in der Annahme, dass sie weder an Hunz noch an Kunz ihr Eigentum verkaufen wollen. Sie werden mich im Stillen umarmen, wenn ich ihnen klar sage, dass sie einen vernünftigen Käufer suchen, der zu ihrem Verkaufsobjekt passt und in der Lage ist, den angepeilten Preis zu blechen.

Was liegt nun näher, als die Flut auszudünnen?

Ich prophezeie alleine eine Ersparnis von 70 %, ihrer Zeit, wenn es ihnen gelingt schwarz und weiß zu trennen.

Wie soll das gehen? Ganz einfach.
Ein Vorab-Telefonat mit jedem Anfrager einzeln ist dem Informationsvolumen über jeden Interessenten ausgesprochen einträglich. Ein freundliches Gespräch mit dem Zweck möglichst viel über den angehenden

Kaufinteressenten zu erfahren trennt in aller Regel bereits die Spreu vom Weizen.

Wie wollen sie den perfekten Käufer finden, wenn sie nicht wie ein Luchs lauschen, auf das was er ihnen kund tut?

Ich könnte dazu listenweise Begebenheiten aufzählen, die diese These aufs vorzüglichste veranschaulichen. Als Beispiel sei nur so viel angemerkt: Ein Interessent, der auf ein paar wenige persönliche Fragen vom Verkäufer sich bereits überfordert fühlt oder gar ungehalten reagiert – wird sich nie zum Wunschkäufer hocharbeiten.

Und nun kommt abermals mein „Kontaktformular" in Einsatz. Hier wird alles Wesentliche notiert. Wann ich angerufen habe, sein kompletter Name mit Adresse, Telefon-Nr., gerne zusätzlich die Mobil-Nr. und oder Email-Adresse. Ferner halte ich fest: Wie viele Personen umfasst die Familie bzw. wer würde einziehen wenn…, hat er Hund, Katze, Maus als Mitbewohner, wie viele Steine sind ihm seine Traumimmobilie überhaupt wert, falls ihm sein absolutes Wunschheim begegnet.

Fein säuberlich halte ich das während des Gesprächs auf meinem Kontaktformular fest.

Am Schluss des Telefonats, ich versichere ihnen, kennen sie ihren Kunden besser, als er sich selber kennt. Sie brauchen nur hartnäckig genug zu sein. Hartnäckig und stets freundlich.

Im Grunde erhalten sie mit diesem Buch, jetzt, in diesem Augenblick in dem sie es studieren, zusätzlich eine Schulung im Bereich Telefonmarketing. Denn das Ausfragen des Anderen, ohne dass diesen auch nur den Hauch einer Ahnung dessen überströmt, was ihm gerade geschieht, das ist die Königsdisziplin in dieser Sparte.

Mit Bescheidenheit darf ich sagen, dass ich mehrere Jahre auch im aktiven Bereich des Telefonmarketing habe Routine sammeln dürfen. Es war eine höchstinteressante Lebenserfahrung. Die Spitzenklasse der Verkaufspsychologie.

Aber zurück zum Thema.

Was ich jedem privaten Verkäufer wärmstens ans Herz legen möchte: Sammeln sie relevante Informationen von allen Anfragern. Sortieren sie danach aus. Wer kommt als Käufer in Frage, wer nicht. Es ist selbsterklärend, dass einer Besichtigung der 3-Zimmer-Wohnung mit einer 5-köpfigen Interessentenfamilie, und sei sie noch so nett, kein Vertragsabschluss folgen wird.

Der springende Punkt ist der, wenn sie nicht wissen, wie viele Familienmitglieder besagter Kaufinteressent gedenkt unterzubringen, wird es schwerlich gelingen, ihn vorab einzuordnen.

Verstanden? Schützen sie ihre eigene Zeit indem sie vorab genau nachfragen, was Sinn macht. Welcher Anwärter das Potential für einen tatsächlichen Käufer mitbringt.

Es ist aus meiner Erfahrung heraus eine superwichtige Sache, verkaufsrelevante Informationen vom Käufer frühzeitig in Erfahrung zu bringen.

Umgekehrt, wird ein aufgeweckter Interessent ihnen liebend gerne mit drängenden Fragen ein tiefes Loch in ihre Hosentasche bohren.

Die beliebteste aller Fragen der Interessentenschar lautet „Wo genau liegt das Haus, die Wohnung"? Eine heikle Frage, wenn man sich vor Augen führt, welche Verkaufsgefahren sie, unglücklich beantwortet, beinhaltet.

Als Anregung mag hier lediglich eine unheimlich gern praktizierte und recht bedenkliche Folgeerscheinung aufgeführt werden. Es ist die harte Realität, dass ausgesprochen neugierige skrupellose Interessenten ohne Rücksicht auf Verluste nach Erhalt der

Objektadresse keinen Versuch, auch nicht den geringsten, auslassen um bei den Nachbarn wohlgehütete Informationen zum Objekt, zum Verkäufer, zum Allgemeinwohngefühl, zu den Nachbarn, zu eventuellen Missständen auf dem Areal, zu Besonderheiten in der Umgebung, zu baulichen Fragen etc. auskundschaften. Und das alles an der Haustüre des Verkäufers vorbei noch lange bevor jene Interessenten auch nur einen einzigen Fuß ins Innere des Verkaufsobjekts setzten.

In junger Zeit betreiben Objekt-Anfrager den hemmungslos unbarmherzigen Sport der Tippgeberschaft. Was nichts anderes bedeutet, als dass sich falsche Interessenten nach der Objektadresse erkundigen um diese Adresse danach fluchs an einen gewerbsmäßigen Vermittler zu verkaufen. Ich darf jeden Verdacht auf ein Hirngespinst von mir weisen, wenn ich behaupte, dass vorzugsweise noble Maklerunternehmen mit dem Anreiz auf atemberaubende Tippgeberprämien unumwunden werben. Wenn man bedenkt, dass zwei Telefonate (ein Anruf um die Adresse des Objektes zu erfahren, ein Anruf beim entsprechenden Maklerbüro) ein hübsches Scheinchen in Gelb oder sogar in Lila einbringt, ist das ein recht gewinnbringendes Geschäft. Finden sie nicht auch?

Man achte demnach darauf, was man so oh-la-la jedem x-beliebigen Anrufer ausplaudern will.

Spitzenverkäufer wissen am Ende des Gesprächs alles über ihren Gegenüber. Während beim Gegenüber ohne ausgiebige Detailinformationen das Interesse am Objekt noch gesteigert wurde.

Eine spannende Angelegenheit, wie sie bemerken.

Auch wenn die Ergebnisse der Telefonate nicht gerade vor Aussagekraft strotzen, sollten ein paar wenige wichtige Aussagen nach dem Gespräch auf dem Kontaktformular vermerkt sein:

1. Will dieser Anfrager lediglich Informationen sammeln, um diese weiterzuverkaufen? Hat er selbst echtes Interesse eine Immobilie zu erwerben? Oder ist er Tippgeber? Oder sammelt er sogar mit eben diesem Auftritt erste Erfahrungen für den anstehenden eigenen Verkauf seiner Immobilie?

2. Kommt dieser Kunde generell für mein Objekt in Frage (passt die Größe des Objekts zu den Vorstellungen, evtl. ein paar Besonderheiten wie z.B. Garage, Keller, Lage, ist nach ersten Einschätzungen der Preis mit diesem Kunden realisierbar?

3. Hat dieser Kunde Interesse an einer Besichtigung? Wenn ja, wann hat er Zeit für eine Besichtigung, bzw. wann passt es überhaupt nicht.

4. Will dieser Kunde selbst in das Objekt einziehen, oder soll es vermietet werden? (Eine Muss-Frage, da es unter bestimmten Bedingungen ein ganzheitliches Ko-Kriterium bedeuten kann).

Nachstehend aufgelistet finden sie eine Hand voll der Fragen, die sich als Standardfragen eignen:

> Wie muss ihre Traumimmobilie aussehen?
> Was muss ihre Wunschimmobilie unbedingt beinhalten?
> In welcher Lage soll sich ihr Traumobjekt befinden?
> Welches Stockwerk darf es sein?
> Welche Grundstücksgröße stellen sie sich vor?
> Würden sie auch renovieren und in welchem Umfang?
> Wie alt darf das Gebäude ihrer Wahl sein?
> Wie viele Personen wollen einziehen?
> Welche Mindestanforderung stellen sie an ihr Wunschobjekt?
> Was geht gar nicht?

Aufgeführte Fragen sollen nur als allgemeingültige Fragen ein Beispiel geben. Am besten stellen sie ihren persönlichen Fragenkatalog für ihr spezielles Verkaufsobjekt zusammen.

Für Ungeübtere empfiehlt es sich diese Fragen bei der Erstellung des Kontaktformulars mit einzubinden, was in Folge beim Kundengespräch nur noch die Abarbeitung der aufbereiteten Liste bedeuten mag.

Der fantastische Witz an der Sache ist, dass sie an dieser Art „Kundenbearbeitung" ihre wahre Freude haben werden. Ich kenne es aus eigener Erfahrung, dieses Gefühl, jederzeit die Fäden in der Hand zu halten, Meister des Geschehens zu sein. Es ist ein tolles Gefühl. Kosten sie es aus. Spätestens nach dem dritten Versuch sind sie der König, der Platzhirsch in der Arena. Mit der Fragetechnik schalten sie systematisch Schnäppchenjäger, Sonntagsvergnügler, desinteressierte Naseweisler aus. Sie werfen die Zeitrauber aus dem Rennen.

Und die Anrufe der Makler? Nun. Es ist so, dass sobald sie mit ihrer Werbung in der Zeitung oder im Internet Aufsehen erzeugen, sie von den vielgeliebten Immobilienmaklern umschwärmt werden.

Dazu ist es von Vorteil zu wissen, dass ein Vermerk „Privatverkauf" für keinen Makler ein Hindernis darstellt, sie sofort, ohne mit der Wimper zu zucken, zu kontaktieren. Grund dafür mag sein, dass in Verkaufsschulungen von Vermittlern die Beherzigung derartiger Vermerke rigoros abgelehnt wird. Man führe sich vor Augen, dass es das Ziel solcher Verkaufsschulungen ist, den Verkauf (aus Sicht des Maklers) anzukurbeln und nicht auszubremsen.

Wie anfangs des Buches bereits angedeutet, mögen sie höchste Sorgfalt walten lassen. Wägen sie ab, welche Variante zum größtmöglichen Erfolg verhelfen mag.

Hier, ich bitte um Verständnis, will ich nicht näher auf die Risiken und Nebenwirkungen bei Geschäften mit möglicherweise unlauteren Maklern eingehen. Mein Ratgeber möge ihnen und jedem ganz normalen Durchschnittsmenschen dienen, mit der eigenen Hände Arbeit einen optimalen realistischen schmerzfreien Immobilienverkauf durchzuführen.

Lassen sie sich also bitte nicht entmutigen, nicht überrumpeln, nicht gängeln. Und beobachten sie wachsam die Szene.

6.2 Von der Besichtigung zum Verkaufstermin

Also, nun. Mindestens ein paar potentielle Kaufinteressenten warten auf eine Besichtigungsmöglichkeit ihres Verkaufsobjektes. Dazu noch einige Tipps:

Besichtigen sie bitte mit jedem Kaufinteressent einzeln das Objekt (Familien selbstverständlich im Verband). Veranstalten sie um Himmels Willen keine peinliche Massenbesichtigung.

Ich frage wem nützt das?

Nützt das ihnen?
Nützt das dem Kunden?

Möchten Sie mein Kommentar dazu lesen?

Ich versichere felsenfest: Es nützt Keinem! Es ist reine Zeitverschwendung!
Sie verschleudern eine fantastische Möglichkeit ihren, den ganz bestimmten einzigen und absolut richtigen Käufer zu fesseln. Sie vergeben die einmalige Chance ihn sofort beim Schopfe zu packen.
Derweil wird jeder Einzelne der anwesenden Käuferschar erdrückt in Menschenmassen. Anstatt die Vorzüge des Objekts hautnah kennenzulernen treten sich Interessenten gegenseitig auf den Absatz. Sie verlassen die Veranstaltung mit einem einzigen

Eindruck. Nämlich: Zu voll, zu laut, zu unpersönlich, zu generell. Der Gewinn von Massenbesichtigungen liegt darin, neugierige Zeitgenossen auf eine moderne Art Kirmes einzuladen.

Wollen sie das?

Ohne Witz jetzt:

In manchen Gegenden hat sich ein zweifelhafter Besichtigungs-Tourismus entwickelt. Man könnte es unter das Motto „Schöner Wohnen – wie lebt mein Nachbar" stellen. Ganz abgesehen davon, dass ohne jeglichen Überblick der Gaffer sich alle möglichen dubiosen Besichtiger unerkannt und unentlarvt unters Volk zu mischen verstehen. Ganz besonders beliebt sind jene Veranstaltungen, die Sonntags-Nachmittags mit leckeren süßen Stückchen aufwarten.

Ich bitte herzlichst, tun sie sich das nicht an. Das ist nicht ihr Niveau.

Nehmen sie sich Zeit. Wie viel Zeit sie investieren möchten sei ihnen überlassen. Generell planen Fachleute für Wohnungen ca. 30 Minuten Besichtigungszeit ein. Für freistehende Häuser, Reihenhäuser, Doppelhaushälften sind ca. 1 Std. zu veranschlagen.

Mir zum Beispiel, reichen vorgenannte Zeiten bei einer Erstbesichtigung sehr gut aus. Also dreißig Minuten für eine Wohnung. Eine Stunde für ein Haus. Ich bin es allerdings gewohnt das Programm straff, klar und unausweichlich zu gestalten. Wissen Sie, ich dulde, ich akzeptiere es einfach nicht, wenn Erläuterungen zum Objekt abgegeben werden und die Anwesenden nicht zuhören. Wenn sich Interessenten unaufgefordert im Objekt verteilen wie die Fliegen. Wenn ich erkläre während der Eine hinter der WC-Türe herum grapscht, der Andere am Wohnzimmerteppichboden nagt, und der Dritte die Fernsicht aus dem Schlafzimmerfenster genießt.

So läuft der Hase nicht bei mir. Karotten gibt es in Furche eins!

Ich beantworte Fragen und erkläre pro Durchgang üblicherweise einmal! Gerne, geduldig, genau und aussagekräftig.
Wer hier nicht zuhört – hat kein wirkliches Interesse.

Und ich mache die allerbesten Erfahrungen damit.

Dem, dass das so und nicht anders passiert, wirke ich natürlich entsprechend entgegen.

TIPP: Bevorzugen Sie eine geordnete Besichtigung mit interessierten Zuhörern, dann teilen Sie dies explizit direkt vor Beginn der Führung den

Anwesenden mit. Klar und deutlich! Gehen sie voran und bestimmen sie die Reihenfolge des Durchgangs. Schreiten sie wie der Fremdenführer vom Schloss von Zimmer zu Zimmer, nennen sie überzeugende Details und gehen dann weiter. Überlegen sie ein System, nachdem sie das Objekt der Reihe nach begehen. Fesseln sie den oder die Schauwilligen an ihre Fersen.

Diese Vorgehensweise bietet zudem zwei erhebliche Vorteile:

1. Es ist sichergestellt, dass alle, also wirklich alle Räume auch eingesehen werden.

2. Es ist sichergestellt, dass sich ihr geliebtes Mitbringsel aus dem letzten Malle-Urlaub nach der Besichtigungstour durch die Räume noch auf der Fensterbank befindet. Sie wissen schon....

Sozusagen als Beweis dafür, dass noch kein Meister vom Himmel gefallen ist, nachstehend die Geschichte von meinem allerersten Immobilienkauf. Ich war damals auf der Suche nach meinem kleinen eigenen Traum-Schlösschen und erlebte meine erste, unvergessliche Verkaufsaktion als Privatinteressentin:

Mehrere Wohnungen hatte ich mir damals angeschaut. Keine andere Besichtigung blieb mir so eingehend in blutiger Erinnerung wie diese:

Einmal passierte es, dass ich von den Eigentümern empfangen wurde mit der Bitte die Schuhe auszuziehen, was sich ohne Bedenken erfüllen ließ. Dann, gleich danach bat man mich mit überschwänglicher Freundlichkeit auf der Wohnzimmercouch Platz zu nehmen. Es wurde Tee gereicht mit dunklen Vollkornkeksen und herzhaft appetitlichen kleinen Häppchen. Der langbeinige Köter des Hauses kläffte pausenlos chronisch an mir hinauf. Seine Anstalten mir an die Wäsche zu gehen wurden von der Hausherrin laut beschwichtigend mit einem „ Der tut nix" kleingeredet. Das zugegeben entzückende kleine Mädchen der Familie drückte mir mit unmissverständlicher Aufforderung ein Spielzeug nach dem anderen in die Hand. Ihr kleiner Freund, ein ebenso lustiger wie quirliger süßer Bursche rutschte mit seinem quitschenden Plastik-LKW auf seinem Hosenboden kreuz und quer durchs Zimmer. Seine dazu demonstrierte freizügige Motorengeräusch-Imitation hätte den Lärmpegel jeder Open Air Veranstaltung in den Schatten gestellt. Die Rasselbande war höchst lebendig und mächtig gut drauf.

Irgendwann war meine veranschlagte Zeit für diesen Besichtigungstermin um. Ich hatte mir an diesem Nachmittag extra eine Stunde für diesen mir wichtigen Termin freigenommen. Im ganzen Tross eingebunden zogen wir noch geschwind, als Umweg sozusagen, durch Küche, Badezimmer, Schafzimmer und WC. Am Eingang angekommen wurde ich erneut *mit höflichster Freundlichkeit verabschiedet. Ohne ein weiteres Wort über den Grund meines Besuches gefragt zu werden wurde ich entlassen. Zugegeben – in diesem Moment wäre mir eine aussagekräftige Antwort auf eine Frage wie „ haben Sie weiteres Interesse" oder wie verbleiben wir" enorm schwer gefallen, so verwirrt von dem totalen Trara-Chaos bin ich gewesen.*

Was denken Sie, habe ich diese Wohnung damals gekauft?

Am Ende der ersten straffen Besichtigungsrunde, und ich lass mich nicht aus meinem geplanten Zeitrhythmus drängen, postiere ich mich noch einmal vor dem oder den Besichtigern auf und stelle fest:

„Gibt es noch Fragen zur Wohnung? Zum Haus?"

Regungslos wie ein Fels in der Brandung und still wie ein Mäuschen erwarte ich nun gespannt wie ein Flitzebogen die aufschlussreichsten Reaktionen des Verkaufsprozesses. Der untrügliche Spiegel der Körpersprache nach der direkten Konfrontation mit dem Objekt präsentiert die verborgene Gedankenwelt perfekt – sie bringt die vorläufige Entscheidung in sehr hohem Maße bereits zum Ausdruck. Man sieht es einfach, ob genau dieser Besichtiger gerade seine Traumburg gefunden hat. Auch wenn er zunächst kein Wort dazu zu sagen im

Stande ist – er zeigt es. Nur noch der Verstand des Entscheiders bildet die Barriere für das verbale Zusagewort. Der Bauch hat bereits entschieden.

Während Nichtkäufer indes, ganz unerheblich wie frohlockend laut das Objekt verbal gewürdigt wird, ebenso schnell demaskiert sind.

Meine Faszination wird vermutlich nie erlöschen wenn ich erwartungsvoll nach Besichtigungsrunden meine Menschenbeobachtungen startete. Herrlich, was stille Menschenleiber zu sagen in der Lage sind. Einfach herrlich, faszinierend, unerschöpflich, beeindruckend.

Testen sie es aus. Gehen sie auf die Pirsch nach den äußerlich sichtbaren, geheimen Gedanken ihrer Mitmenschen. Es bieten sich täglich irrsinnige Begebenheiten die unausgesprochene tiefst innerliche Gedankenwelt anderer zu erforschen. Verblüffende Erkenntnisse werden sich auftun. Täglich aufs Neue.

Es fühlt sich an wie die spannendste Reise ins grenzenlose weite tiefdunkle All des Gegenübers.

Kurz gesagt: ein geschulter Beobachter entdeckt seinen Käufer noch lange bevor dieser auch nur eine Andeutung seines Vorhabens von sich lässt.

Es ist einfach atemberaubend interessant dieses Thema und ich wünsche mir für sie, dass es ausprobiert wird. Es gibt so viele Anlässe es zu testen.

Lassen se uns aber jetzt wieder erwachen aus den Tiefen unserer Vorstellung und besprechen wir das weitere Vorgehen.

Bitte, und das sei ernstlich drängend geraten, verabschieden sie keinen Interessenten aus dem Besichtigungslokal ohne vorläufiges Ergebnis der gerade beendeten Besichtigung.

Sie fragen sich, warum das denn nun? Der Kunde wird sich schon wieder melden, wenn er kaufen will.

Gestatten sie, Verkaufsprofis arbeiten anders.

Wir wollen das Thema vorläufiges Ergebnis genauer analysieren und für ein besseres Verständnis warum und wieso, die Lupe ansetzen.

Nehmen wir also an, auf die Frage „ Wie verbleiben wir", und *diese Frage ist ein absolutes Muss*, erhalten wir nachstehende Beispiel-Antworten:

➢ Diese Wohnung, dieses Haus, gefällt nicht.

> Eine schöne Wohnung, aber zu klein, falsche Lage, unpassender Balkon, zu großer Keller, ohne Stellplatz….

> Schöne Wohnung, herrliches Haus, aber viel zu teuer.

> Eine hübsche Wohnung, nettes Haus. Wir melden uns wieder.

> Wir wollen uns das Ganze noch einmal überlegen und bitten um Unterlagen zum Objekt.

Was machen wir nun aus diesen Informationen? Sehen sie, ich notiere peinlichst genau derartige Informationen auf meinem „Kontaktformular" des Kunden, das mich selbstverständlich zum Besichtigungstermin begleitet.

Ich sammle also Informationen, wie bereits besprochen.

Schauen wir uns die Auswahl der Antworten genauer an:

Es erübrigt sich, hier die erste Antwort näher zu behandeln. „Gefällt nicht", klar und deutlich zum Ausdruck gebracht, wird für ihre Verkaufsaktion keinen Treffer bringen.

Die zweite Aussage, „schön aber zu klein, zu falsch, zu…..." will andeuten, hier hätte man auch genauer nachfragen können. Beim ersten Gespräch hätte hartnäckigeres Nachfragen diese, jetzt verbratene Zeit für die Besichtigung, eingespart. Wobei ich offen eingestehe, auch meiner vielgerühmten Fachfrauperson passiert so etwas. Es gibt nämlich tatsächlich eine Reihe von Objektsuchern, die in der Tat nicht wissen, was sie suchen. Glaubt man vermutlich nicht. Es verhält sich aber tatsächlich dementsprechend. Zigmal durfte ich dieses Erlebnis durchleiden. Da eröffnen einem frisch und frei die Leute bei der Besichtigung einer Wohnung, dass sie „eigentlich ein Haus suchen". Derweil hatten eben diese Interessenten beim Vorgespräch steif und fest behauptet eine Wohnung, so wie die angebotene, sei gesucht.

Es ist also nicht komplett auszuschließen. Nun ja, deren Problem ist nicht das unsere. Schauen wir weiter.

Die dritte Aussage, „Schöne Wohnung, herrliches Haus, aber viel zu teuer" sie hört sich auf alle Fälle weit spannender an. Eine Preisbemängelung bedeutet grundlegendes Interesse! Nachhaken heißt hier die Devise. Welche Preisvorstellung hat er konkret? Aufgrund welcher zu nennenden Tatsache findet er das Objekt zu teuer (der realistische Preis wurde doch eingeschätzt)? Bei welchem Preis würde er „Ja" sagen? Welche Alternativen die ihm anstatt einer Preisreduzierung entgegenkommen wären akzeptabel? Die profane Preisbemängelung ist die reizvolle Taktik des Pokerspielers, des Jongleurs. Aber dazu später mehr.

Die Aussage „ Hübsche Wohnung, wir melden uns" nenne ich den klassisch eleganten Fluchtversuch. Turnhallen gelänge es damit zu füllen, wären Aussagen dieser Art in kleine Kartönchen gepackt und gestapelt. Palettenweise werden derartige Fluchtausreden geliefert. Immer hübsch in Worte verpackt. Ausnahmslos unterstützt von einem sanftmütigen angenehmen interessierten Blick. Mein heißes Verlangen nach der Frage „Bitte, wann genau melden sie sich" geleitete schon so manchen Flüchtling schnurgerade in die blumigsten fadenscheinigsten Lügeleien.

Während die „Noch einmal überlegen" Variante nicht negativ belegt werde. Manche Bäuche arbeiten nur nachts. Eine klare Vereinbarung und deren strikten Verfolgung wann genau noch einmal ein Gespräch stattfinden wird, drängt sich auf.

Wir notieren also die vorläufigen Ergebnisse samt dem nächsten Ziel auf jedem einzelnen Kundenblatt.

Ja, ja, Kunden-Buchführung mag eine äußerst langweilige Beschäftigung darstellen. Welche dominant überzeugenden Vorteile solch beharrliches Vorgehen bietet, liegt auf der Hand.

Sie bietet jederzeit haarfeinen, präzisen Überblick über den aktuellen Entwicklungsstand der Verkaufsaktivitäten, aller Anfragen, aller aktuell noch im Rennen befindlicher Kaufanwärter, aller anstehender Aufgaben.

6.3 Der Kaufwillige ist gefunden

Gelingt ihnen eine akzeptable durchgängige Kunden-Buchführung, und sei sie noch so schmierzettelhaft bekritzelt, dann liegt die Vermutung nahe: Sie avancieren zum Meister. Sie besetzen den Titel des geistreichsten Privatverkäufers neu. Sie betreten die VIP-Lounge der Könner.

Von nun an läuft die aktive Verkaufstätigkeit wie von selbst. Anfragen gehen ein, mittels Kontaktanrufe werden Nichtkäufer-Anwärter aussortiert, Besichtigungen werden geplant und durchgeführt, Ergebnisse festgehalten und verfolgt.

Ich brauche nun nicht über die Hutschnur hauen, wenn ich behaupte, früher oder später steht IHR Käufer vor ihnen.

Wer allerdings vermutet, nun wäre das Geschäft quasi schon gelaufen, in „trockene Tücher gewickelt", der hat die glückselige Gabe ein blauäugiger Unrealist zu sein. Nicht, dass es heißen soll, es wäre bis hier hin keine gute Arbeit geleistet worden. Im Gegenteil:

Ohne beharrlich aktive Spitzenleistung – wäre der Verkauf noch längst nicht in diesem Stadium angelangt.

Ich denke es trifft den Nagel auf den Kopf, wenn behauptet wird, es gibt grob gesehen dreierlei Kaufzusagen:

- ➢ Der Hundertprozent-Käufer
- ➢ Der Taktik-Käufer
- ➢ Der Wankelmütige

Nehmen wir die Scheuklappen der Verdunkelung vom Auge und begutachten jede Kaste für sich:

1) Der Hundertprozent-Käufer

Er tut was er sagt, er trägt den Kopf senkrecht auf seinem Halse, kennt den Stand seines Bankkontos, ist Reell-Denker und seine Vorstellung stimmt mit den Ansprüchen seiner Angetrauten (oder anderen Familienmitgliedern) überein.

Dieser Käufer ist ein Glücksfall!
Ein Treffer wie ein Fünfer im Lotto.

Aus meiner Erfahrung heraus, kann ich bestätigen, dass, wenn der 100 % Kaufwillige, also wenn der bestmöglichst passende Käufer sich zu erkennen gibt, eine flotte unkomplizierte höchst zufriedenstellende Kaufabwicklung vorhergesagt werden darf.

Man versteht sich, der Preis ist eine akzeptierte Nebensache, man koordiniert einvernehmlich

Feinheiten, die Kaufabwicklung läuft reibungslos und in kommunikativer Übereinkunft.

Man spricht dieselbe Sprache.

Der Verkäufer und der Käufer – sie merken es. Der eine spürt, dass sein Gegenüber alle Eigenschaften mitbringt für das erhoffte Geschäft. Der andere ist sich sicher, die für ihn glücklichste Wohnadresse gefunden zu haben.
100 % Käufer, das sei fairerweise angeführt, gehören eher zur seltenen Ausnahme. Sie sind eine moderne Rarität. Eine gesuchte erwünschte Seltenheit.

2) Der Taktik-Käufer

Er ist das Verhandlungsgenie schlechthin. Seine Redekunst bevorzugt die Einleitung: „Ja, aber…." Ein hartgesottener Kleinkramtreter der, wenn sie es zulassen, ihnen ihre Lacklederschuhe samt den Schweißsocken abverhandelt.

Die Taktik-Käufer dürften die stärkste Gruppe aus der gesamten privaten Interessentenschar ausmachen. Man ist also bestens beraten, sich auf derartige Angriffe eingehend vorzubereiten.

Wurden die meisten Ratschläge aus Kapitel 4 dieses Buches, der Kaufpreisfindung, beherzigt, dann versteckt sich für eben genannte Käufertaktik ein stichfestes Ass in ihrem Ärmel. Dann halten sie als pfiffiger Profiverkäufer eine handfeste Überraschung bereit.

Spätestens jetzt, erntet der ernsthafte und realistische Verkäufer den Lohn seiner „Verkaufspreis- Berechnungs-Mühe".

Der geschulte Verkäufer weiß von was er spricht. Wie sich der Kaufpreis zusammensetzt, welchen Wert für das Zubehör eingerechnet wurde, welchen Altersabzug einkalkuliert ist.

An diesem Verkäufer beißt sich der Taktik-Käufer seine blitzweißen Zähne aus. Schließlich ist der genannte Kaufpreis kein Produkt der gestrigen Kaffeepause.

Der Taktik-Käufer ist in positivem Sinne ein exzellenter ein spannender Kunde mit ausgeprägtem Geschäftssinn. Es dürfte eine alte Weisheit sein, dass gerissene Taktik-Käufer genauestens wissen, dass deren Rechnung lediglich beim Geschäft mit einem Laien aufgehen wird. Vielleicht liegt gerade darin der Grund, warum sich hinterlistige Taktik-Käufer am liebsten mit Privatverkäufern duellieren, wenn es um ein so weitreichendes Geschäft wie ein Immobiliengeschäft geht.

Führen Verhandlungen mit ihm, dem Taktik-Käufer zu dem erhofften Erfolg und zu dem von ihnen erwünschten Verkaufspreis, darf man sie ehrlich beglückwünschen. Sie sind in der Königsklasse angekommen.

3) Der Wankelmütige

Er, der Wankelmütige, der „Heute so und Morgen so Entscheider" hat schon so manchen Verkäufer tüchtig an die Wand rennen lassen.

Ach, was habe ich da schon erlebt. Köstlich, menschliches Sein in Reinform wurde mir von dieser Art Kaufanwärter geboten.

Es ist in der Tat kein Kräutlein für diese Personengruppe gewachsen. Eine Medizin für geradliniges Entscheidungsvermögen wurde bisher, meines Wissens, auch vom bekanntesten aller Pillendreher nicht erfunden.

Mein wahrscheinlich aufregenstes Umentscheidungs-Erlebnis möchte ich ihnen keinesfalls vorenthalten. Sie lesen es gleich.

Zunächst kurz noch einmal zu den Wankelmütigen.

Nun, sie durften es in diesem Buch an anderer Stelle bereits lesen, ein „Ja, ich will diese Immobilie kaufen" ist eine vorläufige Kaufzusage. Nicht mehr und nicht weniger.

Es wird häufig von Reservierungsvereinbarungen gesprochen. Es gibt Makler (am Rande angemerkt: Immobilienmakler mancher Banken sind darin besonders großzügig) die präsentieren ihren Kaufwilligen Kunden die ausgefeiltesten Vordrucke die zum Kauf nötigen sollen. Mit Androhung von saftigen Unkostenberechnungen bei „Nichtankauf des Objekts" wird schamlos eingeschüchtert.

Ihr Götter! Spüren sie gerne eine geladene Pistole auf der Brust?

Solche Vorgehensweise mag enormen Druck ausüben. Es bleibt trotzdem die Frage, ob Druck jemals als eine kluge, glückliche, nachhaltig gewinnbringende Geschäftsstrategie anzusehen ist.

Kurz gesagt: Eine vorläufige mündliche Kaufzusage bleibt auch mit dem makellosesten, großartigsten, in Großbuchstaben gedruckten Reservierungspapier das was es ist. Nämlich eine vorläufige Kaufzusage.

Aber nun zu meinem angekündigten Erlebnis:

Es war ein passender Käufer für ein wunderschönes, reizendes Häuschen am Stadtrand gefunden. Der Verkäufer zufrieden mit Kaufpreis,

Übergabemodalitäten, ein paar anderen Besonderheiten, die für diese Geschichte nicht relevant sein mögen. Es war alles, wirklich alles feinsäuberlich durchgesprochen, bearbeitet, bereit. Also stand dem Beurkundungstermin nichts mehr im Wege.

Ich weiß nicht wie oft der Kaufwillige seine offensichtlich freudige Absicht dieses Objekt baldmöglichst sein Eigen nennen zu dürfen strahlenden Blickes verkündete. Zugegeben, es war ja auch ein kleines schnuckeliges Traumhäuschen im wahrsten Sinne des Wortes. Ein Haus, wie es sich so Viele wünschen würden. Nichts Heruntergekommenes, keine hakenhafte Wohnkrücke, keine einsturzgefährdete Bruchbude. Es war ein Haus wie aus dem Bilderbuch. Einige Male besichtigte mein Interessent das Gebäude.

Die Hand ins Feuer hätte ich gelegt, dass es ihm todernst ist mit dem Kauf.

Demnach trafen wir uns zwecks Krönung des Geschäftes beim Notariat. Im Beurkundungszimmer lauschten Verkäufer und Käufer wie üblich den ausführlichen Informationen des Notars. Mit der dringlichen Aussage eine Toilette aufsuchen zu müssen, unterbrach urplötzlich mein kaufwilliger Kunde das Geschehen. Nun ja, welcher Notar würde es darauf ankommen lassen, der edle Glanz seiner

blitzblank noblen Sitzteile wegen tiefst menschlichen Bedürfnissen unnötig zu riskieren. Es wurde folglich eine kleine Pause eingelegt, die nützlicherweise dazu genutzt wurde gleich die ohnehin noch anzufertigenden Kopien für die Notarakten dem Kopiergerät zwischenzeitlich zum Futter vorzulegen.
Man vervielfältigte die Papiere und wartete ab bis es weitergehen würde.

Wir warteten, warteten, warteten. Schließlich wurde ein Notariats-Angestellter losgeschickt, mit dem Auftrag den Maßgeblichen aufzuspüren. Ihn zurück ins Beurkundungszimmer zu geleiten, da mittlerweile anzunehmen war, er habe sich in dem großen Gebäude wahrscheinlich versehentlich verlaufen.

Nichts.

Mein Käufer wurde nirgends entdeckt. Nicht im Flur, nicht im Treppenhaus, nicht in der Toilette, nicht im Wartezimmer, nicht in der Buchhaltung, nicht im Sekretariat, nicht bei den netten Damen am Empfang .

Dort allerdings war zu erfahren, dass der Gesuchte eiligen Schrittes Richtung Ausgang vorbeigekommen sei.

Soviel zu den Wankelmütigen.

Ich sage ihnen: So manche große, wirklich weitreichende Entscheidung ließ den mächtigen Riesen bereits zum Zwerglein schrumpfen. So mancher Traum vom schnuckeligen Eigenheim wurde kurz vor knapp von der eigenen Courage aufgefressen.

Auch ich, als Maklerin, lasse es weitestgehend auf mich zu kommen. Die Aufgabe des Fachmannes in dieser Phase des Verkaufs, beschränkt sich darauf, gegebenenfalls praktikable Übereinkunft-Varianten aufzuzeigen. Die Fairness dabei unentwegt im Auge.

Es ist durchaus üblich, aufeinander zuzugehen. Jeder wird, und das sei ausschließlich positiv besetzt, einen wohldurchdachten Vorstoß wagen, irgendeinen Vorteil noch obendrein zu erhaschen. Dabei sei die reine Geldfrage völlig außen vor belassen. Nein, es geht da beispielsweise um handwerkliche Details, die der Verkäufer noch ausführen möge. Um bürokratische Sachverhalte, die der Käufer gerne übernehmen möchte weil er besondere Beziehungen irgendwohin pflegt.

Es könnten noch eine ganze Euro-Palette voll diverser Denkansätze verfolgt werden. Lassen wir es aber mit Beispielen gut sein. Grundlegend baut sich die weitere Vorgehensweise bei einer mündlichen

Übereinkunft von Käufer und Verkäufer auf wenigen
Säulen auf:

> Einigung über den zu zahlenden Kaufpreis.
> Einigung über den Zeitpunkt der Übergabe.
> Einigung über den Zeitpunkt der
  Kaufpreiszahlung.
> Welche besonderen Wünsche hat die
  Käuferpartei? (z.B. Verkäufer soll Parkett
  noch abschleifen, die Regentonne
  abmontieren etc.)
> Was sieht der Verkäufer als zwingendes
  Kriterium? (z.B. die bereits beschafften
  Pflastersteine für den Hof werden nicht mehr
  verlegt aber mit übergeben, etc.)
> Welches eingebaute Zubehör soll mit
  verkauft werden? Ist dieses Zubehör im
  Kaufpreis enthalten? (z.B. Schwedenofen im
  Wohnzimmer, die Einbauküche, eingebauter
  Kleiderschrank etc.)
> Wie bald steht eine gesicherte Finanzierung
> Übereinkunft eines zeitlichen Rahmens für
  die Kaufvertragsabwicklung
> Welches Notariat wird beauftragt

6.4 Die Reservierung - ein heißes Eisen

Bevor wir zum abschließenden, vielleicht brisantesten Thema, dem eigentlichen Vertragsabschluss und dessen Vorbereitung kommen, sehe ich es als meine Pflicht noch einmal ein paar Worte zur vielgepriesenen „Reservierung" zu verlieren.

Endlich hat sich ein kaufwilliger Interessent für das Objekt gefunden. Nun mag er doch auch bitteschön bei seiner verbalen Absichtserklärung, nämlich genau dieses Objekt seiner Begierde und nicht etwa ein anderes, käuflich erwerben zu wollen, bleiben.

Da fällt einem spontan der matte Schleier von den Augen und man erinnert sich an die sogenannte „Reservierung".
Eine schriftliche Vereinbarung als Kaufversprechen löst das augenblickliche Problem das da heißt: Hoffentlich bleibt mein Käufer bei seinem Wort meine Immobilie definitiv zu erwerben.

Schließlich wird jeder Normaldenker nach einer mündlich gütlichen Übereinkunft eines Kaufversprechens allen anderen möglichen aktiv interessierten Objektsuchern absagen. Man wird stolz jedem berichten „Mein Haus ist verkauft".

Demzufolge lassen wir den stolzen Käufer ein derartiges Reservierungsformular unterschreiben –

und wir sind auf der sicheren Seite, dass der Deal gelingt.

Sie sagen „das ist eine einfache und sichere Sache"?

Gönnen wir uns einen Augenblick der Ruhe und Sammlung.
Atmen wir erst einmal tief durch und entspannen uns mit der Anekdote über „Das Ei des Kolumbus" um danach die Frage der absoluten Sicherheit einer Reservierungszusage weiter zu verfolgen.

Christoph Kolumbus fand eine unkonventionelle Lösung für ein zunächst scheinbar unlösbares Problem:

Lesen Sie selbst:

Christoph Kolumbus wird nach seiner Rückkehr aus Amerika während eines Essens bei Kardinal Mendoza im Jahr 1493 vorgehalten, es sei ein Leichtes gewesen, die „Neue Welt" zu entdecken, es hätte dies schließlich auch jeder andere vollführen können. Daraufhin verlangt Kolumbus von den anwesenden Personen, ein gekochtes Ei auf der Spitze aufzustellen. Es werden viele Versuche unternommen, aber niemand schafft es, diese Aufgabe zu erfüllen. Man ist schließlich davon überzeugt, dass es sich hierbei um eine unlösbare Aufgabe handelt, und Kolumbus wird darum gebeten, es selbst zu versuchen. Dieser schlägt sein Ei mit der Spitze auf den Tisch, so dass sie leicht eingedrückt wird und das Ei stehen bleibt. Als die Anwesenden protestieren, dass sie das auch gekonnt hätten, antwortete Kolumbus: „Der Unterschied ist, meine Herren, dass Sie es hätten tun können, ich hingegen habe es getan!"[10]

Eine nette Geschichte. Finden sie nicht auch?

So zielsicher, sei warmherzig angepriesen, verhält sich die Angelegenheit im Falle der Reservierungszusage bei einem Immobiliengeschäft allerdings keineswegs.

Es ist eine nackte Tatsache, dass eine schriftliche Reservierung keine rechtliche Garantie für einen nachfolgenden Kauf darstellt. Und nicht, wenn die Unterschrift mit feinster dunkelblauer Tinte vollzogen wurde.

> **Eine Reservierung ist ein Kaufversprechen, das im Zweifel keine rechtliche Absicherung erfährt.**

Man darf es unumwunden klarstellen: Eine Immobilie ist dann verkauft, wenn der notarielle Kaufvertrag von allen Beteiligten im Beisein eines Notars unterzeichnet ist.

Falls ihnen die Frage „Was soll demnach der ganze Zirkus mit den Reservierungen" unter den Nägeln brennt, gibt es dazu einige höchstinteressante Gedankengänge.

Nachstehend habe ich ein paar davon aufgezeichnet:

1. Makler, Vermittler, die gewerbsmäßig Käufer für Verkäufer suchen, arbeiten sehr gerne und häufig mit entsprechenden Reservierungsverträgen. Der Grund dafür ist einzig und alleine die Absicherung für den Vermittler, falls ein Käufer abspringt. Der Makler ist es nämlich, der sich mit der Reservierung im Zweifelsfalle eine Entschädigung sichert. Sinn darin liegt insoweit, dass bei der Vorbereitung eines notariellen Kaufvertrages bereits Kosten entstehen, die am Ende Irgendeinem am Knie lasten.

Mit dieser Reservierung sichert sich einzig alleine der Makler, der Vermittler ab.

2.   Hartgesottene   Immobilienkäufer,   mit durchschlagender   Erfahrung   und   bedenklich skrupellosem   Vorgehen   nutzen   eine Reservierungsvereinbarung   mitunter   zum allereigensten Vorteil rigoros aus. Mit dem sicheren Wissen, dass dieses   Schriftstück im Zweifelsfalle keine richterliche Tragweite bedeutet, dass diese schriftliche Kaufzusage in Wirklichkeit keinen Zwang zum Objektkauf darstellt, veranlasst der gewiefte

Käufer mit einer Reservierung den geschicktesten Schachzug, den er sich nur denken kann. Er lässt den Verkäufer im gutmütigen Glauben, dass er ganz sicher dieses Objekt kaufen wird, und blockiert damit weitere Verkaufsaktionen auf Verkäuferseite. Hat sich der angebliche Reservierer endlich entschieden, weiß er, auch bei einer Absage, wird ihm kein Haar gekrümmt werden.

Wer darf sich hier über einen Vorteil freuen?

Einziger bevorteiligter ist der angebliche Kaufwillige Interessent, der die Gelegenheit beim Schopfe packt und andere Interessenten aus dem Rennen wirft um selbst überdurchschnittliche Bedenkzeit einzuheimsen.

Jedem Privatverkäufer sei freigestellt, inwieweit er ggf. seine Kosten für die Vorbereitung eines Kaufvertrages, bei einer Zusage absichern will. Dies wäre mit einer Reservierungsvereinbarung durchaus nützlich denkbar. Man kann sich bestens vorstellen, dass eine Entscheidung dafür oder dagegen sich an mehreren Fragen orientiert.

Die zwei wichtigsten Fragen sind:

> Gibt es momentan weitere ernsthafte erfolgsversprechende Kaufzusagen anderer Interessenten?

> Wer bestellt den Kaufvertragsentwurf? (Bei Nichtzustandekommen des Vertrages, bezahlt der Besteller)

Wer hat dabei einen Vorteil?

Das Ergebnis der Betrachtung liegt jedem zu Füssen. Eine Reservierung zwischen privatem Verkäufer und Käufer hat, bei entsprechender Ausstattung des Vertrages, ausschließlich den Sinn, ggf. entstandene oder voraussichtlich entstehende Kosten für die Abwicklung abzusichern.

Mit Brief und Siegel sei versichert, fahren sie bestens, wenn die Vorbereitungen für einen Kaufvertrag, also die Einigung über die Details, die Vorlage einer Finanzierungsbestätigung vom Käufer, die Erstellung eines tauglichen Vertragsentwurfes und der Beurkundungstermin, zeitlich möglichst flott vonstatten läuft.

Plempern sie nicht vor sich hin!
Träumen sie nicht nur von der glückseligen Ewigkeit!
Machen sie Nägel mit Köpfen!
Schlagen sie zu, bevor ihrem Kaufanwärter der Boden unter den Füßen zu heiß wird.

Bringen sie das Boot sicher an Land bevor ihrem Käufer das niedliche Haus des übernächsten Nachbarn besser gefällt.

7 Rund um den Kaufvertrag

7.1 Welcher Notar darf es denn sein?

Die Meinung, ein ordentlicher Kaufvertrag müsste beim Amt in der eigenen Stadt erfolgen, darf getrost in die Steinzeit verbannt werden. Dankenswerterweise ist festzuhalten, dass wir uns in einer florierenden Wirtschaftsnation bewegen. Was da heißt: Es findet Konkurrenzdenken statt und es wird Konkurrenzdenken höchststaatlich zugelassen. Was jedem Immobiliengeschäft erlaubt den Notar der eigenen Wahl für die gesetzlich vorgeschriebene Beurkundung zu beauftragen.

Auf der Internetseite der Notarkammer findet sich eine verständliche Erklärung zum Notariatswesen in Deutschland. Der Vollständigkeit halber sei angeführt, dass Baden-Württemberg als einziges Bundesland eine Sonderstellung einnimmt, auf die hier nicht näher eingegangen werden soll.

Auszug aus der Veröffentlichung der Notarkammer

Notarwahl

An welchen Notar Sie sich für eine Beurkundung wenden möchten, steht Ihnen frei, d.h. Ihr Wohnort oder auch der Lageort eines zu erwerbenden

Grundstücks geben nicht vor, an welchen Notar Sie sich wenden müssen. Ort und Amtssitz des Notares spielen dabei keine Rolle. Beispielsweise könnte der Kaufvertrag über ein Grundstück in Hamburg auch von einem Notar in Baden-Württemberg beurkundet werden. Notare haben alle notariellen Aufgaben zu erfüllen. Eine Spezialisierung im formalen Sinne findet anders als in der Rechtsanwaltschaft nicht statt.....

Notarformen

Auch welcher Notarform Ihr Notar angehört, spielt bei der Beurkundung keine Rolle. In Baden-Württemberg werden nebeneinander alle drei in der Bundesrepublik Deutschland bestehenden Notariatsformen praktiziert. Dies sind:

➢ Notare im Hauptberuf (zur hauptberuflichen Amtsausübung bestellte Notare)
➢ Notare im Nebenberuf (Notare zu gleichzeitiger Amtsausübung neben dem Beruf des Rechtsanwalts/Anwaltsnotare)
➢ Notare im Landesdienst

Demnach wird eine besonders bürgernahe Versorgung der Bevölkerung mit Leistungen der Notare gewährleistet.

Die zur hauptberuflichen Amtsausübung bestellten Notare und die Anwaltsnotare sind freiberuflich tätig.[11]

Also wählen sie den Notar ihres Vertrauens und beauftragen sie ihn mit der Erstellung eines Kaufvertrags**entwurfes**.

Grundsätzlich dazu sei bemerkt, dass alle Notare auf den Cent genau für gleichen Aufwand einheitliche Gebühren zu Grunde legen.

Manche Notariate überreichen dem Vertragswilligen eine Ausfüllliste. Ein Formular für Kaufvertragsdaten. Ein Notardatenblatt. Dieses Blanko-Formular erleichtert die Zusammenstellung für den Kunden erheblich und garantiert, dass keine Wichtigkeit im Eifer des Gefechtes vergessen bzw. versehentlich unterschlagen wird.

Das ausgedehnte Studium besagter Notar-Formulare, also den Vordrucken zum Ausfüllen für die Erstellung eines Kaufvertragsentwurfes, erinnert meinen Praktikerverstand spontan an eine reizende Geschichte eines Zeichentrickfilmes mit den „Schlümpfen".

Ein überemsiger Zeitgeselle möchte einen ganz simplen Fragebogen auf dem Bürgermeisteramt ausfüllen. Er benötigt dazu so viele unterschiedliche

Daten, dass sein ursprünglich unspektakuläres Vorhaben in einer Odyssee von Botengängen, Amtsbesuchen, Wartezeiten, Vertröstungen, nochmaligem Anstehen und Ausfüllen von weiteren Fragebogen, erneuten Besuchen beim Amt und am Ende Weiterleitung an die Ausgangsposition mündet.

Was ich damit erleutern will ist, dass der Bürokratismus mancherorts schwerelose Stilblüten hervorzubringen vermag. Urkomische Vordrucke mit Fragen als ob man eine ganze Stadt zu kaufen gedenkt.

Was Verkäufer und Käufer zum Grundgerippe eines ordentlichen Kaufvertrages beisteuern, sind die Vereinbarungen, die zwischen den Parteien einvernehmlich verhandelt wurden. Die wichtigsten davon noch einmal in Kurzfassung:

➢ Personendaten vom Verkäufer / den Verkäufern
➢ Personendaten vom Käufer / den Käufern
➢ Kaufpreis
➢ Zahlungstermin
➢ Übergabezeitpunkt
➢ Besondere Vereinbarungen
➢

Das Schriftstück des Vertrages an sich, das ist in den Augen vom Normalmensch unverständliches Amtsdeutsch. Kauderwelsch schlechthin. Seitenweise

Papier, das nur der Notar zu verstehen vermag. Sie können sicher sein, ein Notar weiß was er tut. Jeder Notar wird den Parteien gerne, ausführlich und verständnisvoll alle Fragen zum Kaufvertrag beantworten. Gegebenenfalls Besonderheiten empfehlen oder wenn notwendig ausgefallene Wünsche in Frage stellen.

Ich zumindest habe während meiner aktiven Vermittlungszeit uneingeschränkt exzellente Notare erlebt. Bestnoten würde ich vergeben, an die allermeisten.

Ja, es gibt sogar Notariate, da könnte ich täglich ins Schwärmen kommen, wie man sich da aufgehoben fühlt.
Notare, die ein Wahnsinns-Fingerspitzengefühl für menschliche Ängste beweisen. Deren Menschenkenntnis, Taktgefühl und ausnahmslose Klarheit einen Ehrenpreis in der Sparte Rechtsakrobatik verdient hätten.

Eine Erfahrung, die sie interessieren wird, möchte ich dennoch andienen. Alle Notare berechnen gleiche Kosten für gleichen Einsatz. Alle Notare bieten rechtlich sichere Qualität. Nicht alle Notare arbeiten mit der Geschwindigkeit der Concord. Man ist sehr gut damit unterwegs, wenn mit dem Auftrag zur Erstellung eines Kaufvertrages sogleich die zeitlichen Linien abgesteckt werden. Was heißen soll, man plane im gleichen Zug bereits eine Besprechung des Vertrages, lege einen Beurkundungstermin fest und reserviere denselben.

Schließlich will ihr Kunde kaufen!

Es könnte gewissermaßen in echt passieren, dass ihr Kunde die Geduld bis zum Sankt Nimmerleinstag nicht aufbringt oder in der Zwischenzeit ein noch schöneres Kaufobjekt, als das ihrige ausspäht und sich umentscheidet.

Eine alte Weisheit besagt: „Hol den Sekt erst aus dem Keller, wenn der Vertrag unterzeichnet ist". Eine mündliche Kaufzusage vom freundlich dreinblickenden Kunden, ist und bleibt eine „Absicht". Eine vorläufige Bekundung des „Wollens" – nicht mehr.

TIPP: Wenn sich ein passender Käufer aufgetan hat, bemühen sie sich um einen schnellen Abschluss. Nur ein unterzeichneter notarieller Kaufvertrag ist ein Verkauf. Alles andere kommt vagen Wettervorhersagen gleich.

Zur Grundfrage, welcher Notar es denn nun sein soll sei noch eines angegeben. Die Generalantwort lautet: Wer zahlt bestimmt!

Wissen sie was ich damit meine?

Nun, es ist ganz einfach so, dass der Käufer normalerweise generell die Kosten für den Kaufvertrag und die Notargebühren zu tragen hat. Es dürfte naheliegend erscheinen, dass der Käufer also im Zweifelsfalle demnach den Notar auch bestimmen mag.

Und nun noch ein paar Worte zum Geld. Es ist nicht arrogant zu glauben, dass dies ihnen sensationell wichtig erscheint. Ich darf Ihnen offen sagen – mir ginge es genauso.

7.2 Hier geht es ums Geld

Vorsicht! Heißt die Mutter der Porzellankiste. Und Vorsicht heißt es vor überschwänglichen mündlichen Zahlungsversprechen der Käufer.

Deutschland ist Pumpland!

Ich würde wetten, wenn fünf treu dreinblickende Kaufanwärter ihnen hoch und heilig versprechen, den Kaufpreis bei Bedarf parat zu haben, dann sind wenigstens drei, vielleicht sogar vier Nieten dabei.

Erlauben sie mir hier eine interessante Episode einzuflechten:

Ich fand für eine 4-Zimmer-Wohnung einen liebenswerten Kaufinteressenten. Der Verkäufer war überaus angetan vom wohlsituierten Auftreten des angehenden Käufers. Derart nobel gekleidet, wie dieser daherkam, mochte sogar der Schah von Persien einen ehrerbietenden Knicks unternehmen vor diesem Käufer. Ich wurde gedrängt einen baldigen Beurkundungstermin anzuberaumen, da der Käufer bar bezahlen könne. Ein Barzahler-Käufer also. Auf mein beharrliches unnachgiebiges bestehendes Bohren hin, stellte sich heraus, dass mit „bar zahlen" die Maßnahme einer mondscheinartigen Bargeldübergabe mit Hilfe eines Köfferchens nach erfolgter Eintragung ins Grundbuch gemeint war. Ohne jeglichen Bankkontakt.

Es soll niemandem Unrecht zugedacht sein, und es mag jedem ein ganzer Berg an Barvermögen gegönnt werden, aber ehrbare Bar-Zahler auf dem Immobilienparkett sind eine äußerst seltene Erscheinung, die eines besonderen Augenmerks bedarf.

Ich könnte ein Lied davon singen.

Betrachten wir die häufigsten Falsche-Fährten-Versuche genauer.

7.2.1 Finanzierungslügen erkennen

Es ist nicht alles Gold was glänzt! Kunden sind auch nur Menschen. Ausgesprochen denkfähige, gerissene, zuweilen überkopfgroße Erfinder-Menschen.

Über dreisteste Finanzierungslügen ist bestimmt schon halbe Meter weise Presse erschienen. Trotzdem sind diese Fallen täglich neu gestellt, würde ich sagen. Überragend mutige gewiefte Kaufanwärter wachsen zuweilen wie Pilze aus dem Boden.

Da kann es nur von Vorteil sein, wenn ein Verkäufer sein Kopf nicht unterm Arm daher trägt. Wenn er nicht ganz grün hinter den Ohren ist. Es kann nur gut sein, wenn der Verkäufer nicht hinterm Mond lebt.

Also beschäftigen wir uns mit den meistgebrauchten Finanzierungslügen moderner Käufer eingehender.

Die wichtigste, häufigste überzeugendste geniale Finanzierungslüge deren ich im Tagestakt begegnete ist als eine elend freudenarme Ausrede zu deklarieren. Die Oberflächlichkeits-Ausrede.

Es tritt mich der Gaul wenn ich diesen Satz höre.

Begeben wir uns zunächst gedanklich in eine Verkaufstermin-Situation:

Verkäufer und Kaufinteressenten besichtigen eine Wohnung. Die Kaufinteressenten schwärmen von Zimmer zu Zimmer in noch höheren Tönen. Sie gestalten bereits verbal ihre neue Traumwohnung. Lassen den Verkäufer glauben, dass sie sich bereits für einen Kauf dieser Wohnung entschlossen haben, da dieses Angebot die ultimative Wunschbleibe darstellt. Vielleicht lassen sich beschriebene Höchstinteressenten sogar einen Grundriss der Wohnung aushändigen, vielleicht sogar eine Nebenkostenabrechnung. Anschließend verabschieden sie sich mit den Worten: „Sie haben soooo eine schöne Wohnung. Die gefällt uns ausgesprochen gut. Wir werden die Finanzierung klären und uns wieder melden."

Wie schätzen sie diese Kunden ein?

Sind diese Kunden wirklich am Kauf interessiert?

Darf ich meine Meinung äußern?

Diese Kunden werden aller Voraussicht nach

a) nie mehr wieder etwas von sich hören lassen und
b) ihre Wohnung demnach auch nicht kaufen

Wieso ich das zu wissen aufführe?

Meiner Erfahrung nach gehören überschwänglich begeisterte Auftritte in die Kategorie" Theatervorstellung". Sie werden es nicht glauben, wie häufig sie es mit einer außerordentlich fähigen Schauspielertruppe zu tun bekommen, wenn sie ihren Immobilienverkauf starten.

Auf die Frage, warum sich solch bizarres Kaufverhalten derart stabil etablieren konnte, war auf einer Podiumsdiskussion zu allgemeinen Käuferfragen folgende Antwort zu vernehmen:

Käufer bzw. Objektsuchende verhalten sich so, weil sie sich bei Besichtigungen in einem momentanen Rauschzustand befinden. Vornehmlich jüngeres Publikum, demnach die Kaufanfänger-Schicht, neige zu derartigem Vorgehen. Stark betroffen seien all jene Besichtiger, die aus einfachsten Wohnverhältnissen stammen, nun eine wunderschöne Bleibe vorgeführt bekommen und zunächst einfach positiv überwältigt sind. Ob die gesteckten Kaufkriterien, also die gesuchte Größe des Objekts, die Raumaufteilung, das zusätzliche WC etwa, erfüllt werden, sei angesichts der enormen Sinnesüberflutung tatsächlich augenblicklich ausgeschaltet.

Bei näherer Betrachtung gelingt es jedoch kaum die Ahnung zu unterdrücken, dass haltloses Finanzierungsgeschwätz von übereifrigen

Besichtigern gemeinhin als galant prächtige Flucht aus dem Dilemma einzustufen ist.

Nun, sei es drum. Dem Verkäufer wird ein schwärmender Kunde immer lieber sein als ein Dauerstenkerer vom Dienst.

Was weit entscheidender für meine These „ er wird nie mehr wieder etwas von sich hören lassen" spricht, ist die Tatsache, dass kein Kreditinstitut der Welt auch nur einen einzigen Finanzierungsfinger krumm macht aufgrund der lediglichen Vorlage eines Wohnungsgrundrisses mit Nebenkostenabrechnung. Was für einen Musikus die Töne sind, sind für eine Finanzierungsklärung die Vorlage des kompletten Unterlagensatzes.

Also: Ohne Ton – keine Musik!
Verstehen sie?
Gut.

TIPP: Ein Kaufinteressent der nicht den ganzen Unterlagensatz verlangt – kann keine ordentliche und sichere Finanzierung abschließen.

Lesen sie bitte zweimal, was ich unter vorgehaltener Hand ihnen flüstere: Behalten sie diesen Trick für sich. Die Menge der Unterlagen, die vom Besichtiger erbeten wird, bieten dem Verkäufer den sonnigsten aufschlussreichsten Blick hinter die Kulisse der Käufermaske.

Also: Es werde tunlichst vermieden, jedem leidenschaftlich übermäßig schwärmenden Interessenten das komplette Unterlagenpaket mit voller Wucht ohne Ansuchen hinterher zu schleudern.

7.2.2 Wertminderungstabelle und ihre Brisanz

Auch wenn ihnen mein Zuckerstückchen in diesem Abschnitt nicht zu süß schmecken wird, sollten wir es genauer behandeln.

Die Ermittlung des zu erwartenden Verkaufspreises hatten wir in Kapitel 4 bereits zerpflückt. Erinnern sie sich noch an die Spalte „ Wertminderung wegen Alters"? Den „Altersfaktor"?

Man möge auf die spannende Idee kommen, den Altersfaktor per Anti-Aging-Programm zu steuern. Mit einem gelungenen Lifting die in die Jahre gekommene Wohnung, das charmante Haus aus den Sechzigern, optisch monströs aufzupuschen. Originelle Beispiele dafür gibt es so viele wie Sandkörner am Strand.

Mit dieser Methode, man muss die Tatsache beim Namen nennen, wird die Rechnung ohne den Wirt gemacht.

Diese Position in der Berechnungstabelle lässt so manchen Hausverkäufer und Wohneigentümer die Deftigkeit und Würze des Lebens mit voller Wucht erreichen, hat er im Vorfeld auf „Maske" gesetzt.

Die Berechnung nach der (sturen) Alterswerttabelle hat schon reiflich Nahrung in die geistesarme Welt der Banker gebracht. Dennoch wird sie vehement verfolgt.

Warum ist das so ?

Lassen wir uns die allgemeine Definition der „Wertminderung wegen Alters" zunächst zart auf der Zunge zergehen. Wikipedia beschreibt den Altersfaktor folgendermaßen:

Die Alterswertminderung bezeichnet die Abnahme des Wertes einer Sache während ihrer Lebensdauer bzw. Gesamtnutzungsdauer aufgrund von Verschleiß, Abnutzung, Verbrauch oder aufgrund von Alterungsvorgängen.

Da die tatsächliche Alterswertminderung oft nicht genau festgestellt werden kann, behilft man sich für die Zwecke der Wertermittlung mit verschiedenen Näherungsverfahren.[12]

Zugegeben, auf den ersten Blick scheint der Ansatz mit den „Näherungsverfahren" interessant und reell.

Die Frage ist, wie sich die Sachlage bei einem nicht mehr ganz jungen Objekt, z. B. aus den Fünfzigern, verhält. Angenommen se, als verantwortungsbewusster Eigentümer eines solch charmanten, schnuckeligen Anwesens, kümmern sich jahrzehntelang um dieses Gebäude. Sie investieren, sanieren, modernisieren, streichen, erneuern, rüsten auf. Sie stecken im wahrsten Sinne des Wortes jeden Pfennig mit Blick für liebevolle Details und Erhaltungsdrang in dieses altehrwürdige Gemäuer. Das Gebäude ist in einem Zustand, von dem reihenweise junge Betonbauten nur träumen können. Sie haben mit ihrem mühevoll erwirtschafteten Einkommen das Anwesen in diesen Zustand versetzt.

Lassen wir die Katze aus dem Sack!

Der Banker des Käufers, der ihr wunderschönes Haus erwerben möchte und sich ehrenhaft um eine ordentliche Finanzierung bemüht, der Banker wird stur und steif nach der Tabelle namens „Wertermittlung wegen Alters" vorgehen.

Ganz gleich, was, wie viel, wie oft, wie liebevoll, wie umfangreich das Haus eine Erneuerung, eine Werterhaltung erfahren durfte.

Der Banker würde sich eher in Pension schicken lassen, als den Weg zu ihnen zu finden um eine realistische Begutachtung des Hauses in Angriff zu nehmen.

Der allzeit hilfsbereite Bankangestellte ist verpflichtet dazu – diese Liste stockstaubig für eine Berechnungsgrundlage heranzuziehen.

Der Chef vom Chef des reizenden Bankangestellten verlangt es so.

Schneller wie der schnellste Zieleinlauf der Wettkämpfer wird eine Finanzierung wegen Gebrauchs der trockenen Altersfaktor-Tabelle in Grund und Boden gestampft. Bringt ein Käufer keine beachtliche Summe an Eigenkapital auf die Reihe, wird die Finanzierung abgelehnt.

Um den Hammer vollends auf den Tisch zu werden wird dem gutgläubigen Kaufwilligen gerne die zu finanzierende Immobilie als ein „völlig überteuertes Objekt, das nicht finanzierungswürdig ist" suggeriert.

Im Klartext muss leider bekundet werden, dass alte, ehrwürdig gepflegte Schmuckkästchen-Gebäude, egal wie tief die Kosten für diverse Renovierungen im Geldbeutel drücken, eine wenig objektive Bewertung erfahren.

Ich könnte Sie jetzt noch eine Weile vollstopfen mit Erfahrungen besagter Alterstabelle, die jedoch allesamt die leuchtende Glitzerfassade unserer Bankenwelt bedenklich erblassen ließe. Schauen wir lieber nach vorne und befassen uns noch etwas mit allgemeinen Fragen zur Finanzierung der Käufer.

7.2.3 Kaufpreisfinanzierung

Ich höre sie flüstern „Was geht mich die Finanzierung des Käufers an"?

Ich stimme ihnen zu wenn sie so denken. Es ist ganz natürlich. Die Finanzierung, also wie der Käufer sein neu erworbenes Eigentum bezahlen will – das ist nicht ihr Bier. Auch nicht ihre Baustelle.

Übersehen dabei wird lediglich häufig, dass Käufer ihrerseits von diversen Stellen, beim Namen genannt seien zum Beispiel Behörden oder Finanzierungsinstitute, erheblich in die Mange genommen werden.

Es wäre zu einfach, wenn es nicht Finanzinstitute gäbe, die tausendfach weitere Unterlagen zum Objekt als die Üblichen beantragen. Zu erwähnen sind da: Zusätze zu den Bauakten, nochmal Fotos, weitere statische Berechnungen etc.

Derartige Schikanen, das sei zugunsten der Käuferschar gesagt, sind zu über 90 % der Fälle alleine einem übereifrigen Profilneurotiker in der Nahrungskette des Finanzierungsablaufes verdankt.

Kaufwillige, die nicht gerade zu den Superreichen unseres Landes zählen, und das dürfte eine große Mehrheit sein, durchleben mitunter abenteuerliche

Hürdenläufe bis zu einem zufriedenstellenden Entwurf einer Finanzierungsplanung. Manche avancieren zu Hochspringern. Nein Stabhoch- springern um so viel Geld wie nötig aufzutreiben.

Mein Credo an alle Verkäufer heißt:

Nehmen sie es gelassen.

Kommt ein Käufer tatsächlich im Verlauf ihrer Verkaufsverhandlungen bezüglich seiner Finanzierungsbemühung mit komplizierteren Bitten auf sie zu, unterstützen sie sein ehrliches Bemühen.

Alles andere verdirbt das gescheite Geschäft.

7.2.4 Das A und O für ihre Sicherheit

Bevor wir noch einmal alles zusammenfassen, damit die wichtigsten Punkte meines Ratgebers „Auf einen Blick" ins Auge fallen, sei meine allerdringlichste Bitte hier aufs Papier gebracht.

Es kann nicht deutlich genug zum Ausdruck kommen.

Vertrauen sagt man ist gut – Kontrolle ist besser.

Bitte fordern sie unbedingt und unausweichlich von ihrem Kaufinteressenten bevor sie einen Beurkundungstermin veranlassen, bevor sie einen Kaufvertragsentwurf (ggf. auf ihre Kosten) in Auftrag geben, eine Finanzierungsbestätigungs-Bescheinigung von der Käuferbank.

Sie ist das A und O für sie als Verkäufer, diese schriftliche Finanzierungsbestätigungs-Bescheinigung. Die einzige nachvollziehbare Sicherheit dafür, dass sich ihr Konto, das Konto des Verkäufers nach Vertragsabschluss im Habenbereich des erwarteten Zuwachses erfreut.

Deswegen sei ins allerheiligste Gedächtnis eingebrannt:

Keine Kaufvertrags-Unterzeichnung ohne Vorlage einer schriftlichen Finanzierungsbestätigung eines Bankinstitutes !

Unterschreiben sie ohne Vorlage dieses Schriftstücks keinen Vertrag zum Verkauf ihres Eigenheims.

Nicht, wenn sie vernehmen, dass der Käufer der Enkel von Warren Buffet ist.

Nicht, wenn ihnen unter der Hand erklärt wird, dass die Käuferin einen verdeckten Kaufauftrag von der Queen höchstpersönlich hat.

Auch dann nicht, wenn der Käufer der beste Freund vom Freund ihres Freundes ist.

War ich klar genug?

7.2.5 Die Abwicklung – Das perfekte Finish

Nun. Erst einmal: Herzlichen Glückwunsch zum erfolgreichen Verkauf ihrer Immobilie.

Der Beurkundungstermin liegt hinter ihnen. Es ist vollbracht.

Denken sie.

Relativieren wir ein wenig und sagen: Das Werk ist in Bälde vollendet. Denn zu einem perfekten, krönenden Geschäftsabschluss gehört die saubere Abwicklung ebenso dazu wie der ausgeklügelte Kaufvertrag selbst.

Schenken sie mir noch einen Augenblick ihrer Zeit. Die nachfolgenden Abwicklungs-Tipps sind mit Geld nicht zu bezahlen.

Sie haben einen hervorragenden, wasserdichten Vertrag in der Hosentasche. Genießen sie den Erfolg. Ihren hart erarbeiteten Erfolg.

Die häufigsten Fragen an den Notar im Anschluss an die Beurkundung betreffen die „Zeit danach". Die Zeit bis zur Übergabe des Objekts und die Übergabe des Objekts selbst.

Wie geht es nun weiter?

Was gibt es noch zu tun?

Wann habe ich was zu unternehmen?

Auf was muss ich achten?

Wissen sie, man ist ihnen nun genug zu Leibe gerückt, man hat ihnen bis hierher genügend abverlangt. Sie sind reichlich mit verbalen Komplimenten und Unkomplimenten beworfen worden. Lassen sie sich jetzt nicht mehr gängeln. Nicht mehr treiben.

Es läuft alles seinen Weg.

Die fleißigen Notariatsangestellten übernehmen nun die Regie in ihrem Verkaufsgeschäft. Ausfertigungen des unterzeichneten, also rechtsgültigen Vertrages wandern an die für die ordentliche Abwicklung zuständigen Stellen.

Von der Urkunde erhalten

- ➤ Das Grundbuchamt eine Ausfertigung
- ➤ Der Verkäufer,also Sie, eine beglaubigte Abschrift
- ➤ Der Käufer eine beglaubigte Abschrift
- ➤ Die finanzierende Bank eine beglaubigte Abschrift
- ➤ Die Stadt bzw. Gemeinde – Vorkaufsrechtsstelle - eine beglaubigte Abschrift

> ➤ Das Finanzamt – Grunderwerbsteuerstelle –
> eine einfache Abschrift
> ➤ Der Stadt/Gemeinde-Gutachterausschuss –
> eine einfache Abschrift

Es wird also gearbeitet. Und man darf die Amtspersonen hier gerne einmal tüchtig mit Konfetti bewerfen. Man sollte sie mit Ehrennadeln schmücken. Ein verantwortungsvoller Job wird da geboten. Angesichts des Marathons, der ein Kaufvertrag zu durchlaufen hat, bis der Käufer seine neue Errungenschaft in Besitz nehmen darf, lässt der Einsatz des Notariatspersonals auf olympiareifen Hochleistungssport der Bearbeiter schließen.

Schließlich sprechen wir von Behörden, die durchlaufen werden. Nicht von Obsthändlern, nicht von Aktienspekulanten. Von Behörden mit Beamten.

Doch genug der Fantasie. Lenken wir wieder in die realistische Abwicklungsthematik ein.

Das Notariat erledigt ab Vertragsunterzeichnung alle notwendigen Aufgaben im Hintergrund. Es bleibt für sie nur etwas zu tun, wenn sie vom Notariat oder einer einbezogenen Behörde dazu aufgefordert werden. Dafür erreicht sie ein Brief mit der klaren Anweisung was zu erledigen ist.

Ihre Aufgabe besteht zunächst allein darin, ihrer bestehenden Gebäudebrandversicherung die Information zukommen zu lassen, dass das Wohndomizil den Eigentümer wechselt.

Es bedarf keines besonderen Schlachtplans für dieses Unterfangen, aber die Information des Eigentümerwechsels in schriftlicher Form ist einem Telefonat im Vorbeigang unbedingt vorzuziehen.

Nun sollen sie aber nicht länger auf die Folterbank gesperrt werden.

Bestimmt brennt ihnen eine ganz interessante Frage längst unter den Nägeln. Nicht allein, weil ihr Käufer bereits nachgefragt hat.

Wann und wie wird die Immobilie übergeben?

Eine nicht gänzlich ungefährliche Prozedur.

Wenn sie es darauf anlegen – auch künftig Gut Freund mit ihrem Käufer bleiben zu wollen, dann sei grundlegend geraten:

Was im Vertrag explizit ausgehandelt wurde – möge eingehalten werden. Das gilt sowohl für den Zeitpunkt der Übergabe als auch für eventuelle

Besonderheiten, Zahlungsmodalitäten oder weitere Übereinkünfte die vertraglich beurkundet wurden.

Sie fragen was kann da noch schiefgehen?

Nun, bei Bewohnerwechsel zum Übergabezeitpunkt wird das Eigenheim von der einen Hand in die nächste Hand rutschen.

Bei einem unbewohnten, dazu noch renovierungsbedürftigen Objekt, drängt es sich förmlich auf, den Käufer sofort mit dem Umbau beginnen zu lassen. Dieser wird ihnen sowieso bereits mit diesem Wunsch auf der Pelle liegen. Also denkt man darüber nach, den Schlüssel bereits auszuhändigen, das Eigentum gleich zu übergeben. Noch bevor der Notar das Ok für eine ordentliche Übergabe meldet.

Wie gut lässt sich diese Idee nennen?

Streuen wir uns dazu lediglich eine einzige Frage auf den Teppich:

Was, wenn der emsige Käufer bei seinen sofortigen Umbaumaßnahmen ran geht wie ein Blicher und zum Beispiel mit einer Wasserleitung unliebsame Bekanntschaft macht?

Entscheiden sie selbst, wie gut sie die Idee einer vorzeitigen Übergabe finden.

Man sollte den Teufel jedoch nicht an die Wand malen und sich nicht vom Hundertsten ins Tausendste treiben lassen.

Es wird zu keinem Schaden führen, überdenkt man je nach Fall mögliche Holpersteine.

Die Erstellung eines Übergabe-Protokolls wird allerdings von Fachleuten empfohlen. In zweifacher Ausfertigung, je ein Exemplar für den Verkäufer und für den Käufer. Ein solches gemeinsam erstelltes Dokument erleichtert im gleichen Zuge die Verbrauchsabrechnung was Heizung, Wasserverbrauch und Stromverbrauch betrifft. Nachstehend habe ich ihnen eine taugliche und zugleich einfache Variante für ein Übergabe-Protokoll abgedruckt.

Und noch ein Tipp: Erscheinen Sie zur Übergabe ihrer Immobilie möglichst in Begleitung einer neutralen Person. Im Zweifelsfalle ist es hilfreich, wenn eine neutrale Person den Zustand des Objekts bezeugen kann.

Ein Formular für die Übergabe einer Immobilie kann zum Beispiel so aussehen:

Übergabeprotokoll

Objekt ....

Verkäufer/Vermieter...
....

Käufer / Mieter ....
....

	Zählernummer	Zählerstand
Wärmemengenzähler		
Wasser Haupthahn		
Wasser (kalt)		
Wasser (warm)		
Strom		
Gas		

Es wurden insgesamt Schlüssel übergeben ....

Wohnungsschlüssel.................Haustürschlüssel...................Kellerschlüssel.................
Briefkastenschlüssel............... Garagenschlüssel...................sonstige ....
....
....

☐ Das Objekt ist leer und besenrein

☐ Das Objekt befindet sich im besichtigten und vereinbarten Zustand

☐ siehe Anhang zu diesem Blatt

Bemerkungen..
....
....
....

Neue Anschrift des Verkäufers

....
....

Ort, Datum ....

Käufer .... Verkäufer ....

Fassen wir also noch einmal zusammen.

Diese Vorgehensweise und folgende abschließenden Aktivitäten lassen ihren Immobilienverkauf zur Profileistung mit Stern erblühen:

> **Unternehmen sie nichts bevor sie vom Notariat die schriftliche Information erhalten, dass alle Kaufpreisfälligkeitsvoraussetzungen gegeben sind. Eine ordentliche, gesicherte Objektübergabe erfolgt erst nach diesem eindeutigen OK des Notars.**

> **Teilen Sie ihrem Verwalter (bei einem Wohnungsverkauf) bzw. ihrer gesetzlichen Gebäudebrandversicherung (bei einem Hausverkauf) den Eigentumswechsel in schriftlicher Form mit.**

> **Vor einer kompletten Schlüsselübergabe prüfe man den Zahlungseingang der vereinbarten Kaufpreissumme! Die Formel lautet: Ohne Geld – keine Schlüssel. Kluge Käufer behalten einen kleinen Teil des Kaufpreises zunächst ein, bis für den Käufer sichergestellt ist, dass sich das Objekt in dem Zustand befindet, wie gesehen bzw. vereinbart. Dem ist nichts entgegenzusetzen.**

➢ Vorzeitige Umbaumaßnahmen durch den Käufer, vor einer ordentlichen Übergabe mit Kaufpreiszahlung möge man möglichst vermeiden. Entscheiden sie sich dennoch für ein derartiges Entgegenkommen, dann empfiehlt es sich unbedingt die Handhabung bei einem eventuellen Schadensfall durch die Umbautätigkeit im Vorfeld zu klären. Es bietet sich immer an, bei einer Vorabüberlassung des Objekts die Zählerstände abzulesen und entsprechende Abrechnungen vornehmen zu lassen. Sie als Verkäufer werden naturgemäß wenig Interesse daran haben, die Verbrauchskosten von Wasser, Strom etc. für den Umbau des Käufers zu tragen.

➢ Zur geregelten Übergabe gehört ein Protokoll. Bereiten sie die Übergabe sorgfältig vor. Das spart vor Ort Zeit und sie können sich voll auf die Übergabe konzentrieren. Begehen sie gemeinsam alle Räume und lesen die Zählerstände ab. Tragen sie alle Daten ins Protokoll-Formular ein. Übergeben sie am Schluss der Begehung die Schlüssel. Das Protokoll bedarf der Unterschriften von Verkäufer und Käufer.

8 Das wichtigste in Kurzform

Nachstehend zu ihrer Erleichterung und zum schnellen Nachschlagen das Wichtigste in Kurzform zusammengefasst.

8.1 Auf einen Blick - Unterlagen

Welche Unterlagen sind zu besorgen – und wo bekomme ich diese:

Für einen ordentlichen Hausverkauf brauchen sie:

- ➢ Grundbuchauszug zum Anwesen
  – Grundbuchamt der Stadt/Gemeinde
- ➢ Lageplan des Grundstücks
  – Grundbuchamt/Liegenschaftsamt der Stadt-
- ➢ Grundriss-Zeichnungen der einzelnen Etagen
  – Bauakten bzw. Architekt –
- ➢ Wohnflächenberechnung und Kubaturberechnung
  – Bauakte bzw. Architekt –
- ➢ Baubeschreibung
  - Bauakte bzw. Architekt -
- ➢ Abrechnung der gesetzlichen Gebäudebrandversicherung
  – Jährliche Abrechnung / Rechnungsakten –
- ➢ Energieausweis
  – Kaminfeger–
- ➢ 2 Fotos mit unterschiedlicher Außenansicht

Für Häuser mit gemeinschaftlich genutzten Flächen werden zusätzlich benötigt:

- ➢ Evtl. weitere Grundbücher für gemeinschaftlich genutzte Gehwege und/oder Garagen auf separat befindlichen Grundstücken
  – Grundbuchamt der Stadt/Gemeinde
- ➢ Evtl. Teilungserklärung für gemeinschaftlich genutzte Flächen
  – Grundbuchamt der Stadt/Gemeinde

Für einen gepflegten Wohnungsverkauf sind notwendig:

- ➢ Grundbuchauszug zur Wohnung ggf. auch Grundbuch zu einer separaten Garage oder Tiefgaragenstellplatz oder Stellplatz im Freien
  – Grundbuchamt der Stadt/Gemeinde-
- ➢ Lageplan des Gebäudes mit Grundstücksbezeichnung (Flurstück-Nr.)
  – Grundbuchamt/Liegenschaftsamt der Stadt-
- ➢ Teilungserklärung komplett mit dazugehörenden Plänen
  - Hausverwaltung –
- ➢ Grundriss-Zeichnung zur Wohnung
  - Hausverwaltung –
- ➢ Wohnflächenberechnung
  - Hausverwaltung –

- ➤ Protokoll der Eigentümerversammlung
  - Hausverwaltung –
- ➤ Nebenkostenabrechnung
  - Hausverwaltung –
- ➤ Abrechnung der gesetzlichen
  Gebäudebrandversicherung
  - Hausverwaltung –
- ➤ Energieausweis
  - Hausverwaltung –
- ➤ Foto mit Außenansicht vom Gebäude

Für einen korrekten Haus- oder Wohnungsverkauf auf einem Erbbaugrundstück kommen folgende Dokumente zur Sammlung hinzu:

- ➤ Erbbauvertrag
  - Erbbauberechtigter -
- ➤ Abrechnungen des Erbbauzinses
  - Erbbauberechtigter -

8.2 Auf einen Blick – Werbung

Auswahl möglicher Werbemaßnahmen und deren Eigenschaften.

Das Expose
➢ Hübsch anzusehen
➢ Bei Selbsterstellung kostengünstig
➢ Hoher Aufwand für Ungeübte
➢ Keine ausschlaggebende Wirkung im privaten Immobiliengeschäft

Fotos vom Objekt
➢ Können unterstützend wirken
➢ Achtung: Aufs Bild gehört nur das, was verkauft werden soll
➢ Keine ausschlaggebende Wirkung im privaten Immobiliengeschäft
➢ Fotos vom Außenbereich des Objekts werden gelegentlich von der finanzierenden Institution des Käufers angefordert

Zeitungsanzeigen
➢ Kostengünstige Werbevariante
➢ Sehr effizient in örtlichen Zeitungen
➢ Achtung: Inserats-Preise vergleichen
➢ Achtung: Kontaktdaten angeben
➢ Pflegeleichte Handhabung ggf. Blockkonzept

Internetwerbung
- ➤ Überregionale Werbung
- ➤ Preis-Leistung überprüfen
- ➤ Achtung: Missbrauchsgefahr
- ➤ Erfordert kontinuierliche Pflege

Mund-Werbung
- ➤ Hervorragende zusätzliche Möglichkeit
- ➤ Achtung: Gezielter überlegter Einsatz
- ➤ Kostengünstigste Werbeart

8.3 Auf einen Blick –Verkaufsfragen

Mit welchen Fragen fessele ich meine Kunden

Geeignete Fragen fürs (telefonische) Vorgespräch:

- ➤ Wie muss ihre Traumimmobilie aussehen?
- ➤ Was muss ihre Wunschimmobilie unbedingt beinhalten?
- ➤ In welcher Lage soll sich ihr Traumobjekt befinden?
- ➤ Welches Stockwerk darf es sein?
- ➤ Welche Grundstücksgröße stellen sie sich vor?
- ➤ Würden sie auch renovieren und in welchem Umfang?
- ➤ Wie alt darf das Gebäude ihrer Wahl sein?
- ➤ Wie viele Personen wollen einziehen?
- ➤ Welche Mindestanforderung stellen sie an Ihr Wunschobjekt?
- ➤ Was geht gar nicht?

Geeignete Fragen zum Abschluss an einen Besichtigungstermin:

- ➤ Gibt es noch Fragen zum Haus? Zur Wohnung?
- ➤ Wie verbleiben wir?
- ➤ Wann höre ich von ihnen?

8.4 Auf einen Blick – Vertrag

Ist der erhoffte Käufer gefunden und gewillt mit zum Notar zu schreiten, liegt es in hrer Hand einiges abzuklären, vorzubereiten, in die Wege zu leiten.

An was sie bei der Vorbereitung zum notariellen Kaufvertrag denken sollten:

> ➢ Reservierung - ja oder nein
> – nur nützlich zur Absicherung eventueller Kosten, keine rechtliche Verpflichtung zum Kauf
> ➢ Notar
> – wer den Kaufvertrag bezahlt, bestimmt das Notariat -
> (Notarkosten trägt i.d.R.der Käufer)
> ➢ In Deutschland besteht freie Notarwahl
> ➢ Die Anfertigung eines Kaufvertrags-Entwurfes ist in der Regel kostenlos, sofern der Vertrag in derselben Kanzlei dann auch beurkundet wird.
> ➢ Planen und reservieren sie zeitnah. Die Erstellung eines Kauf-Vertrags-Entwurfes beansprucht in kompetenten Notariaten nur wenige Tage. Legen sie frühzeitig einen Beurkundungstermin fest.

Welche Angaben sie zum notariellen Kaufvertrag beisteuern:

> Käuferdaten
> - Name, Vorname, Geburtsdatum, bei
> Frauen ggf. Geburtsname, bei mehreren
> Käufern alle Namen –
> Verkäuferdaten
> - Name, Vorname, Geburtsdatum, bei
> Frauen ggf. Geburtsname, bei mehreren
> Verkäufern oder Erben alle Namen
> Kaufpreis
> – ggf. der Wert und die Nennung des
> mitverkauften Inventars – (z.B.
> Einbauküche, Schwedenofen, Markise,
> Einbauschränke, Holzlagerschuppen) -
> Zahlungstermin
> – Datum der Zahlung –
> Übergabetermin
> - Datum der Eigentumsübergabe -
> Besondere Vereinbarungen
> – außerordentliche individuelle
> Vereinbarungen zwischen Verkäufer und
> Käufer -

Was und wen sie zur Beurkundung mitnehmen

Auf Verkäuferseite:

- ➢ Personalausweis
- ➢ Jeder Eigentümer der im Grundbuch aufgeführt ist muss zur Beurkundung kommen (bei einer Erbengemeinschaft alle Erben)
- ➢ Kaufvertragsentwurf zum mitlesen
- ➢ Unterlagen zum Objekt
- ➢ Lageplan des Objekts

Auf Käuferseite:

- ➢ Personalausweis
- ➢ Jeder Käufer der ins Grundbuch eingetragen werden soll muss zur Beurkundung kommen
- ➢ Kaufvertragsentwurf zum mitlesen
- ➢ Schriftliche Finanzierungsbestätigung der finanzierenden Bank

9 Die Dynamik eines professionellen Handelns

Man kann sich als privater Immobilienverkäufer jederzeit hinter etwas verstecken. Man kann es unter den Deckmantel der laienhaften Unwissenheit schieben. Jederzeit so präsentieren, dass sein Tun niemandem in die Zähne schlägt. Dass der andere es verdaut. Es frisst. Es nicht anstößig findet.

Ein höchst bemerkenswerter Punkt ist jedoch, dass ein privater Immobilienverkäufer, der exakt und klar, eindeutig und unmissverständlich ehrlich und unverstellt, genau so seinen Immobilienverkauf steuert, wie es ein Profi im Stande ist – erst sein volles Potential ausnutzt.

Die Tatsache alleine, dass der Verkauf geradlinig, angstfrei, ohne Ärgernis, ohne anschließenden Rechtsstreit mit seinem Käufer, von statten geht, versetzt den privaten Immobilienverkäufer in einen Zustand der meilenweit über dem alltäglichen, üblichen „sozialen" Getue angesiedelt ist. Es bestätigt dem Privatmann (ebenso die Privatfrau) seine Kompetenz, seine überragende Fähigkeit ein Geschäft mit immenser Größenordnung selbständig qualifiziert tauglich zu bewältigen.

Gleichzeitig ist es ungemein befreiend, all denen, die sich über die Immobiliensache tagtäglich als Gurus erheben, den Schneid abgekauft zu haben. Es ist überaus beglückend sich in die Sphären der Profis eingereiht zu haben. Den Sprung in den Kader der Könner zu schaffen. Es ist, wie wenn man augenblicklich schwere Eisenketten ablegt, wie wenn man sich selbst Handschellen abnimmt, wie wenn man fliegen lernt.

Wenn sie ihr Immobiliengeschäft als Privatmann (oder Privatfrau) professionell wie ein gewitzter Könner, in eigener Regie abwickeln, so dass alle Beteiligten, alle Parteien, sie den Know-how-Verkäufer als tauglichen Macher der Szene akzeptieren, kennenlernen, dann tragen sie mit ihrem verantwortungsvollen Tun erheblich dazu bei, dass alte Meinungen über die Branche stürzen und neue geistige Imperien errichtet werden können.

Es ist ein unendlich machtvolles Gefühl, dazu beizutragen, dass mit dem eigenen gezielten Vorgehen, die Immobilienwelt ein Stückchen sauberer, ehrlicher, reeller, tauglicher wird.

Also starten sie ihren Profi-Immo-Verkauf. Der Erfolg wird es ihnen bestätigen. Und ich beglückwünsche sie herzlich dazu.

Private Immobilien-Verkäufer können die Immo-Welt verändern! Sie sind in der Lage das Gesicht der ganzen Branche zu klären, zu säubern und die ganze Szene ins Positive zu lenken.

Der Privatmann, die Privatfrau, derjenige der die Immobilien-Bühne beherrscht, ist König, nicht der herrschsüchtige Vorteilsdenker, nicht der oberflächliche Glaskasten-Akteur.

Die Macht und Möglichkeit Einfluss im Immobiliengeschäft zu nehmen, neu zu kreieren, ist ihnen als Eigenheim-Verkäufer gegeben.

Sie brauchen dazu kein „Genie" zu sein, kein Talent zu haben, um Entscheidendes zu bewegen.

Vielleicht können sie dazu beitragen, dieses brüchige Gemäuer der Immobilienwirtschaft, das allzu leicht eingerissen und kleingehauen wird bei dem einen oder anderen zu einem neuen, charakterfesten, ansehnlichen Ruf erbauen zu lassen. Verdrängen sie mit ihrem fachmännischen Vorgehen diejenigen in der Branche die den Titel "Fachmann" nicht verdienen.

Mein ganz privates Glaubensbekenntnis hinsichtlich des augenblicklichen umstrittenen gebeutelten Marktes will ich ihnen zum Abschluss gerne kund tun:

Es ist primitiv über den kompletten ganzen Berufsstand der Immobilienakteure das Schwert zu brechen.
Verzeihen sie mir meine Ehrlichkeit.

Jeder von uns, sie und ich, wir alle sind Teil dieser machtvollen tonangebenden Maschinerie. Wenn jeder auch nur ein Quentchen von dem, was er beizutragen fähig ist, dazu beisteuert, dann wird der Immobilienmarkt wieder den redlichen angesehenen wahren Platz in der Wirtschaft einnehmen, der ihm gebührt.

Es gibt mir ehrlich etwas, wenn meine hier veröffentlichten Informationen dazu beitragen, ihnen beiseite stehen, um mit einem, nämlich ihrem, reibungslosen Verkauf ihres Eigenheims, das zwielichtige Dunkel des Immobiliendschungels etwas zu erhellen.

Das höchste Kompliment, das sie mir machen könnten, bestände darin, wenn sie jetzt, sofort und unmittelbar ihren Eigenheim-Verkauf mit geballtem Praxis-Wissen aus diesem Ratgeber in der Hinterhand starten und super erfolgreich durchziehen.
Teilen sie mir mit, ob und wie der Inhalt dieses Buches zu ihrem erhofften Verkaufsziel beigetragen hat. Oder schreiben sie mir eine Mail, ob ihnen mein Buch gefallen hat.

Ich würde mich sehr darüber freuen.
Kontakt: info@hm-lutz.de

10 Dank

Einen Praxis-Ratgeber wie diesen zu schreiben bedarf den Gewinn an Erfahrung, den man im Laufe seiner Tätigkeit durch die Schar unterschiedlichster Kunden, Käufer und Verkäufer erfahren darf.

Ihnen verdanke ich die aufregendsten, bemerkenswertesten, aufschlussreichsten, lehrreichsten, bewegendsten und nachdenklichsten Erlebnisse meines Berufslebens als selbständige Immobilienmaklerin.

Ebenso braucht es die andauernde, uneingeschränkte, freundliche Unterstützung von allen Bediensteten der verschiedenen Behörden, Ämter und Institutionen.

Menschen die sich mit geballtem Wissen, Rat und Tat jederzeit hilfestellend einbringen.

Meine Anerkennung richtet sich zudem an meine Familie. Ohne deren ausnahmslosen Rückhalt ich meine langjährige Tätigkeit in diesem Maße hätte nicht ausüben können und dieses Buch vermutlich nie entstanden wäre.

Die Autorin Hedwig Maria Lutz war langjährig als selbständige Immobilienmaklerin tätig.

Sie ist Praktikerin und mit "den Wassern des Lebens" reichlich gewaschen.

Ihre Bücher sind gespickt mit Know-how weit über die übliche Fachlektüre hinaus. Sie vermittelt geradlinige Lebenserfahrung und erklärt anschaulich wertvolle profihafte Vorgehensweisen.

Weitere Bücher zum Thema dieser Autorin:

Immobilienkauf ohne Reue
-So kaufe ich mein Eigenheim privat und
professionell-
ISBN 9783734796333
erschienen im BoD Verlag (auch als E-Book)

IMMO Coach
Das Praxis-Arbeitsheft für Verkauf und Kauf von
Immobilien
ISBN 978-3-7357-8893-1
erschienen im BoD Verlag (auch als E-Book)

[1] Welt am Sonntag „Wir arbeiten gegen Wildwuchs"
[2] Welt am Sonntag, „Die Schattenwelt der Makler",
[3] Welt am Sonntag, „Die Schattenwelt der Makler",
[4] Wohnflächenverordnung, Internet 2013
[5] Wikipedia Enzyklopedie, Internet 2013
[6] Wikipedia Enzyklopedie, Internet 2013
[7] Fachlexikon Immobilienwirtschaft, 3. Auflage, Seite 918/919
[8] „Wertermittlung von Immobilien und Grundstücken", Bernhard Metzger, Haufe Verlag
[9] „Alterswertminderung nach Ross" Wikipedia
[10] Wikipedia Enzyklopedie, Internet 2013
[11] Notarkammer Baden-Württemberg, Internet Veröffentlichung 2013, http://www.notarkammer-baden-wuerttemberg.de
[12] Definition Alterswertminderung bei Immobilien, Wikipedia 2013